Johanna Wagner

Zwischen den Zeilen reisen

Südamerikanische Reisegeschichten

Gewidmet Cora Stein

1. Auflage

Umschlaggestaltung und Umschlagmotiv: Johanna Wagner
Titelfoto: In La Paz, Bolivien
Fotos und Karte: Johanna Wagner
Layout und Satz: Johanna Wagner
Druck und Bindearbeiten: Horn Digitaldruck, Melsungen
Gedruckt in Deutschland
ISBN 978-3-00-051755-6

Papier: *Dieses Buch wurde aus dem Recycling-Papier EnviroTop produziert, das zu einhundert Prozent aus Altpapier besteht und einer CO2-neutralen Produktion entstammt. Das Papier ist mit dem »Blauen Umweltengel« ausgezeichnet.*

Hintergründe und Informationen auf: http://marieposamedien.com

INHALT

*» Die Welt ist ein Buch.
Wer nie reist, sieht nur eine Seite davon. «*

Aurelius Augustinus

KAPITEL I

PUZZLE LIMA

Seite eins: Lima.
Lima ist eine Stadt mit vielen Seiten.
Dabei hat sie eigentlich nur zwei Seiten
und ist doch so vielseitig und vielschichtig,
dass sie in meinem Buch ein ganzes Kapitel einnimmt.

Der ewig wachsende Moloch hat einen Autor, der immer neue Geschichten und Bilder entwirft, die zwar müde, aber mich einfach nicht satt machen können. In dieser Stadt kann man länger blättern, als man anfänglich meint. Manches mehrfach lesen, manches überspringen, manches möchte man mit anderen teilen und manches nie wieder aufschlagen. Lima erlebt Tragödien und Komödien in nur wenigen Sätzen hintereinander. Lima ist ein verworrener Buchstabensalat, den ich in eine Reihenfolge bringen möchte, sodass man die Stadt zumindest ansatzweise lesen kann.

Die Abende verbringen wir oft im Garten von VIDA NUEVA, während die Stadt ihr Lied summt, das ich längst mitsingen kann. Ich beherrsche die Reihenfolge der vielen Strophen, kenne den Refrain im Schlaf und kann es gewissermaßen auswendig summen, ohne der Töne überdrüssig zu sein. Die Klänge der Stadt machen Musik und sind der Soundtrack meiner Zeit in Lima.

Höre zu! In Lima gibt es alles, nur eines nicht: Die Stille. Sie ist der Stadt gründlich abhandengekommen. Ihre Bilder und Emotionen prägen sich tief ein, doch um die Stadt in ihrer Fülle erfahren zu können, muss man hinhören und lauschen, was sie erzählt.

Nie schweigt sie, ununterbrochen schreit sie!

Lausche ich ihren Klängen unaufmerksam, vernehme ich bloß tosenden Lärm, doch zerlege ich den Krach in seine Einzelteile, kann ich das Lied verstehen, das Lima leise summt.

Hier ist es: Das sind die Klänge der Stadt. Die schnelle Sprache, die sie spricht. Das laute Lied, das sie singt. Die leisen Töne, die sie flüstert.

Ein Tag in Lima: Hähne krähen und wecken das Viertel Santa Clara. Der nächste Wecker klingelt um sieben Uhr auf meinem Nachttisch. Ein müdes *Guten Morgen* ertönt aus jedem Bett und schon befinde ich mich mitten im Alltag der Geräusche.

Durch unsere offenen Fenster dringen die Laute einer Triangel und kündigen die Müllabfuhr an. Vogelzwitschern – fast einzigartig – viel mehr Natur kann Lima kaum verschenken. Alles andere als einzigartig hallen Bremsgeräusche, Hupen und das Brausen der Motoren in verschiedenen Lautstärken, Entfernungen und Tonlagen in unser Zimmer. Kurzes Hupen, langes Hupen, fast melodisches Hupen. Auf Limas Hauptstraße, der *Carretera Central*, herrscht schon zur frühen Stunde Hochbetrieb. Die Natur geht in der Stadt unter, während die Sonne gerade erst aufgeht.

Aus der Ferne erschallt ein anhaltendes Warnsignal, das alle Geräusche in den Hintergrund rückt: Der mit Gütern beladene Zug aus den Anden trifft ein und alarmiert, die unter ärmsten Bedingungen an den Gleisen Lebenden, vor seiner Ankunft. Auf Höhe von Santa Clara versprüht er sein Geräusch über das ganze Viertel, das in den übrigen Geräuschen verschwindet, als er weiter in das Stadtzentrum rollt. Hundebellen. Mal lauter, mal leiser. Mal vereinzelt, mal bellt ganz Santa Clara. Dann bin ich wach und der Alltag der Geräusche drückt auf *play* und läuft seit fast vier Monaten auf *repeat*.

VIDA NUEVA. Treppe abwärts. Jede Stufe erklingt, als würde ich über ein Xylophon schreiten. Kaffee tropft leise in die Espressokanne, die schließlich zischt und pfeift und von dem monotonen Brummen des Kühlschranks untermalt wird. Der Kaffeeduft zieht unter meinen Ohren vorbei. Gespräche mit den anderen Volontären, Lachen, Schweigen, Lachen, Aufbruchsstimmung.

Die Wendeltreppe zu unserem Zimmer

Schrillem Klingeln, folgt schrilles Klingeln und schrilles Klingeln. Über fünfzig Mal, dann sind alle Kinder in VIDA NUEVA eingetroffen. Mit jedem Klingeln steigt die Geräuschkulisse. Um 8.30 Uhr sind die Schüler in ihre Klassen verteilt und die Arbeit beginnt: Schulaufgaben werden besprochen, Übungen angeleitet, Rezepte perfektioniert und Spielregeln erklärt. Nur montags versammeln sich zunächst alle im Garten und stimmen am äußersten Rand von

Lima lautstark die peruanische Hymne an, während ein Kind die Flagge hissen darf. Längst können auch wir, die Freiwilligen aus Deutschland, alle Strophen mitsingen.

In der Pause *geht der Plumpsack um* – und gerät regelmäßig ins Stocken. Kinderlachen, Namen werden gerufen, bis endlich die nächsten laufenden Schritte ertönen, Lehrerlachen. Ballprellen, und das Ertönen der Alarmanlage, wenn ein Ball gegen das Auto schlägt. Doch diese Geräusche sind nur der sanfte Chor im Hintergrund – das monotone Quietschen der Schaukel bestimmt die Akustik. Sie ist die Lieblingsbeschäftigung aller und singt als Solokünstlerin im Vordergrund eine Stunde in schiefem Sopran.

Zähne knirschen. Ich höre, wie die Kinder sich spüren und tauche in ihre geheimnisvolle Welt ein, die ganz leise in ihrem Inneren ruht. Keine Worte. Nur Blicke sprechen still, sodass ich sie nicht hören kann. Es ist eine unbekannte Sprache, die im lauten Lima verkannt, aber so klangvoll ist, wenn man mitschwingt.

Ab 13:00 Uhr läuft die Kassette rückwärts: Schrillem Klingeln, folgt schrilles Klingeln und schrilles Klingeln und mit jedem Klingeln wird die Geräuschkulisse wieder leiser. Um 14:00 Uhr haben alle Kinder das Centro verlassen. Schweigen breitet sich aus und die Geräusche von Santa Clara drängen sich ungestüm in den Vordergrund.

Mittagspause. Kaffee tropft leise in die Espressokanne, die schließlich zischt und pfeift und von dem Brummen des Kühlschrankes untermalt wird. Der Kaffeeduft zieht unter meinen Ohren vorbei. Gespräche mit den anderen Volontären, Lachen, Schweigen, Lachen.

Treppe aufwärts. In unserem Zimmer angekommen, hüllt mich die Klangwelt von Santa Clara ein: *¡Compra mis papayas, mangos y manzanas!* – eine unverkennbare Stimme preist in einmaliger Tonlage Papayas, Mangos und Äpfel durch ein Megaphon an – mein akustisches Highlight.

Mein eigenes Lachen ertönt. Jener fahrende Markt bewegt sich mit Schrittgeschwindigkeit durch die Straßen und erspart ganz Bequemen den kurzen Weg zum Mercado. Mein Highlight ist nicht mehr sichtbar, doch aus der Ferne noch lange zu hören. Die Töne schweben wie Staubpartikel in der Luft und wenn ich Glück habe, weht der Wind aus Richtung Westen und mir die Stimme noch einmal zu. Hahnkrähen am Mittag.

Lima. Treppe abwärts, das Xylophon spielt seine Melodie. Die Tür fällt ins Schloss und sogleich reguliert die Welt hinter den Mauern von VIDA NUEVA ihre Lautstärke nach oben. *¿Gringa, de donde eres?, Fremde, woher kommst du?, que alta! Wie groß!* – eine ausbleibende Reaktion, nur Flip Flops schlürfen über den Boden. Bauarbeiten. In der Ferne konkurrieren schreiende Stimmen um Fahrgäste.

Fahrzeuge bremsen, Fahrzeuge geben Vollgas, Fahrzeuge bremsen und wieder andere Stimmen konkurrieren schreiend um Fahrgäste. *Barranco! San Miguel! Rímac! Santa Anita! San Borja! San Isidro!* In weniger als dreiundvierzig Sekunden höre ich fast alle der dreiundvierzig Stadtbezirke.

Schiebetür auf, Schiebetür zu.

Konversationen auf Spanisch und spanisches Schnarchen im Bus. Der Fahrer tritt aufs Gaspedal, der Motor heult auf und Absätze stolpern in das Hintere des Busses. Die Fensterscheiben und die Bussitze quietschen – bei jeder Unebenheit noch lauter. *Cumbia*-Rhythmus schallt aus den Lautsprechern – vorne im Bus läuft ein anderes Lied als hinten – aus vorbeifahrenden Fahrzeugen und den Läden am Straßenrand. *Cumbia* überall!

Mit Kleingeldklimpern fordert der *Cobrador* zum Bezahlen auf. Münzen klirren von allen Seiten, jeder kramt das passende Kleingeld hervor. Das *bajar*, *aussteigen*, ertönt pausenlos, Bremsgeräusche folgen, Absätze klappern kleinschrittig zurück in das Vordere des Busses. Schiebetür auf, Schiebetür zu. Die Besatzung des Busses wechselt unaufhörlich, nur das Dauergespräch des *Cobradors* bleibt. Fahrtwind an meinem Ohr. Handyklingeln, ein aufgeregtes Gespräch.

Der Motor brummt vor sich hin – Vorwärtskommen ist kaum noch möglich, die Geräusche der Umgebung schleichen in den Bus. Stimmenwirrwarr. Würde man nicht wissen, was man selber sagt, würde man nicht wissen, was man sagt. Nervös pfeifende Verkehrspolizisten, Martinshorn – ein Rettungswagen auf dem aussichtslosen Weg, ein Rettungswagen zu sein. Wo keine Lücke ist, ist kein Ausweichen, erst recht kein Fortkommen und keine Rettung möglich. Hoffentlich kann jemand Erste Hilfe leisten...

Vorne im Bus werden singende Kinderstimmen laut und obwohl sie ganz leise sind, weisen sie die anderen Geräusche zurück. Sie singen von der Armut. Heimlich, still und leise fängt meine Seele an zu weinen. Selbst der lauteste Lärm kann das leiseste Gefühl nicht übertönen. Ich fühle mich ohnmächtig.

Fliegende Händler öffnen die Fensterscheiben von außen, preisen ihre Waren an und werfen ihr Produktsortiment in Worten in den Bus. Alles was der Magen und die Langeweile begehren, kann man durch das Fenster konsumieren. Lima ist ein wandernder Supermarkt, der von außen mit Kleingeld an den Bus klopft, um für sich zu werben und die Passagiere schlagen von innen zurück, um ihrer Ungeduld Ausdruck zu verleihen. Doch das Gaspedal bleibt ohne Funktion. Stehende Motorengeräusche.

Irgendwann steige ich irgendwo aus und fahre zurück. Das schnelle *baja, baja, baja, steig aus, steig aus, steig aus*, befördert mich mit Peitschenhieben aus dem Bus.

Geschafft!

Applaus gibt es nicht, auch wenn die Fahrt – wie jede Fahrt – ein Erlebnis war, eine Geschichte vorlas und ein Konzert aufführte. Doch niemand berücksichtigt den Takt und keiner fühlt die Musik. Jeder spielt nur sein eigenes Instrument, ohne auf die anderen zu achten, ohne hinzuhören. Das Orchester scheint außer Kontrolle und die Harmonie verloren, dabei könnte eine Symphonie erklingen.

Stille Gedanken meines Kopfes, die nur ich erfahre, obwohl sie unausgesprochen sind. Wie angenehm, zumindest mit mir selbst leise zu kommunizieren. Wie anstrengend zugleich, doch nie weghören zu können.

Jede Fahrt liefert mir neue Puzzleteile. Viele kann ich erst nach vielen Busfahrten zusammenfügen: Plötzlich erschließen sich mir die Ortsangaben der *Cobradore*, weil ich die Orte kennengelernt habe, und weil ich die spanische Sprache immer besser beherrsche, verstehe ich die Gespräche der anderen Passagiere und das Gebrüll der Verkäufer. Ich erfasse nicht nur den Songtext der Lieder, sondern den einer Stadt.

Müde von der Musik, die die Stadt noch immer spielt, fahre ich zurück und schleiche schließlich durch die vertrauten Straßen. Die Töne des Tages tanzen in der Luft. Ich höre auch die, die längst erloschen sind. Ich möchte sie wegpusten und ausschalten, weil es in meinem Kopf zu laut ist. Doch sie sind mein Ohrwurm, der nicht verstummt und auch dann noch brummt, wenn die Musik längst nicht mehr summt.

Zeitgleich mit mir kommt der Tankwagen unserer Nachbarn an, der die Wasserfässer der Haushalte füllt, die zu den zwanzig Prozent in Lima zählen, die nicht an das Trinkwassernetz angeschlossen sind. Die Ärmsten bezahlen für das schlechteste Wasser fast zehn Mal mehr.

Dem schrillen Klingeln folgt eine kurze Unterhaltung mit Wilber. Rückwärts fahrend und von einem grellen Piepen begleitet, parkt der LKW in der Garage ein, während sein Motor unsere Fensterscheiben zum Vibrieren bringt.

Sein Piepen ist meine Uhr: Es ist 20.00 Uhr.

In den Monaten sind die Töne zu meinem Ziffernblatt geworden. Sie haben einen Rhythmus komponiert und meinem Tag Strophen verliehen. Die Melodie von Lima ist zu meinem Metronom geworden.

Nach dem Austausch mit den anderen Volontären verwandelt die Tastatur die Töne der Stadt in diese stummen Worte.

Doch kann man ein Geräusch beschreiben und ein Klangmuster lesen?

Ich hoffe es!

Denn Lima, ohne Geräusche, wäre eine andere Stadt. Sie ist eine große Klangwelt, zu der die Bilder bloß ihr Dasein aufführen.

Das Geräusch einer alten Stempeluhr begleitet meine Gedanken und während ihr monotoner Takt mich vollkommen müde macht, geht mein Tag zu Ende – für heute habe ich Lima abgestempelt.

Ein letztes Mal spiele ich die Tonleiter aufwärts. Das Wasserplätschern unter der Dusche macht Sehnsucht nach Regen. Das Fenster quietscht, als ich es öffne. Dann falle ich müde in mein Bett.

Mein Kopf summt den Ohrwurm.

Hundebellen, das Geräusch der Motoren, Hupen, Musik.

Ihr Bass pumpt mein Herz durch die Nacht.

Geräuschlos schließe ich meine Augen und während ich vergebens versuche, auch meine Ohren zu verschließen, um der Nacht in Stille begegnen zu können, frage ich mich, wie Lima wohl auf Taube wirkt!?

Wahrscheinlich viel zu laut!

16. April 2010

Zwei Seiten

Natürlich kann man Schönes, Tolles und Schickes in Lima entdecken. Es ist nicht alles tragisch, dramatisch und armselig. Es kommt immer darauf an, mit welcher Brille wir die Welt ansehen – oder sie ansehen wollen.

Ich kann den obligatorischen Schuhputzern auf ihren bunten Holzstühlen, den mit Früchten beladenen Pick-ups und den Märkten, auf denen man immer Neues entdecken kann, viel Schönheit abgewinnen. Ich mag die Spontanität und das positive Denken der Peruaner und dass sie Anstrengungen in Kauf nehmen, um ihre Träume zu verwirklichen. Mir gefällt, dass sich das Leben draußen abspielt, dass ihre Türen offenstehen, auch wenn vielen keine Türen offenstehen. Ich mag die Familienverbundenheit und die Musik, die überall in der Luft liegt, als wäre sie der Sauerstoff für eine ganze Nation oder der Puls des südamerikanischen Lebens.

Wie alles, hat auch Lima zwei Seiten: Die Altstadt zählt zum UNESCO Weltkulturerbe und das Nobelviertel Miraflores an der Pazifikküste wirkt, als wäre es aus einem Katalog ausgeschnitten. Dort könnte ich die kolonialen Bauwerke bestaunen oder Geld ausgeben, das Leben feiern, die Nächte durchtanzen, Menschen aus aller Welt kennenlernen, die neuesten Kinofilme ansehen, verträumt durch sichere Straßen schlendern, in denen Mototaxis verboten sind und die Busse nicht auseinanderzufallen drohen – *aber wozu*? Nur um auszuprobieren, ob sich das, was ich von zu Hause kenne, auf der anderen Seite der Erde genauso anfühlt?

Santa Clara, wo ich im viertstärksten besiedelten Distrikt Ate Vitarte am Rande von Lima lebe und wo viele wohlhabende Limeños noch nie gewesen sind, ist zwanzig Kilometer vom historischen Zentrum entfernt. Um diese zwanzig Kilometer zurückzulegen, benötige ich zwei Stunden mit dem Bus. Und wenn ich während dieser zwei Stunden aus dem Fenster sehe, begegnet mir fast nur Tragisches, Dramatisches und Armseliges – da vergeht mir die Lust, die kolonialen Bauwerke zu bestaunen, das Leben zu feiern oder verträumt durch sichere Straßen zu schlendern. Da schätze ich mich nur noch glücklich, dass es das Leben gut mit mir meint und fahre zurück. Und wenn ich während der Rückfahrt zwei Stunden aus dem Fenster sehe, begegnet mir wieder fast nur Tragisches, Dramatisches und Armseliges. Da bin ich abends so beladen und bedrückt von diesen Bildern und ihren verworrenen Zusammenhängen, dass ich mich und das große Ganze erst einmal sortieren muss.

Ich möchte nicht alles schwarz malen, aber Lima ist nun mal eine graue, staubige Wüstenstadt, die wie Unkraut wächst, das sich selbst aussät und unter widrigsten Bedingungen keimt. Jedes Wüstenkorn wird bebaut, jeder Berghang ist notdürftig bewohnt.

Ich habe nicht viele der acht Millionen Einwohner kennengelernt, aber ich habe vielen in die Augen gesehen. Das hat sie nicht namenlos gemacht, aber der Armut Gesichter verliehen. Diese müden Augen, diese lebensmüden Augen machen traurig. Nur weil ich von der anderen Seite der Erde komme und die ganze Szenerie vermeintlich nur streife, stehe ich nicht über den Dingen. Ich bin plötzlich mittendrin und betroffen, auch wenn ich nicht persönlich betroffen bin.

Die bis tief in die Nacht arbeitenden Kinder, die alten, müllsammelnden Menschen und die benebelten Personen, die ihren Alltag nur betäubt ertragen, sind die Motive, die täglich viele Stunden vor meinen Augen spazieren gehen, bis das Bild der einfachen Hüttenlandschaft auf tristen Wüstenhügeln schlagartig in exklusive Luxuswohnungen an der Küste, in Straßen mit Schranken, in Häuser mit Wachposten und Villen mit Zäunen wechselt.

Ich möchte selber glauben, die aus Restmaterialien gezimmerten Bauden seien nur die von spielenden Kindern erbauten Höhlen und nicht das Zuhause ganzer Familien.

Ich möchte glauben, die riesengroße Hülle von Lima sei nur der Vorhang einer Stadt, den sie aufzieht, um ihren Besuchern schließlich etwas Schönes zu zeigen.

Doch jener Vorhang *ist* die Stadt.

Ist *der Teil* der Stadt, den viele nie zu Gesicht bekommen.

Weil Lima zwei Welten birgt, die parallel existieren.

17. April 2010

Das Puzzle und seine Schere

»Peru ist ein Bettler auf einer goldenen Bank«
Peruanisches Sprichwort

Auf engstem Raum begegnen mir schonungslos die Gegensätze. Als hätte mich mein deutsches Leben darauf vorbereitet, meinen sie, sie könnten mir überall einfach so begegnen. Aber von den Gegensätzen zu wissen oder sie zu erfahren, sind zwei Paar Schuhe, so gegensätzlich wie Gummistiefel und Flip Flops oder High Heels und Sportschuhe.

Peru ist ein Land der Kontraste: In seiner Natur und Kultur, in seinen Sprachen und Traditionen, im Klima und im Klima des Daseins. Es existieren prachtvolle Gebäude neben Bretterhütten, pompöse Wagen neben Holzkarren, Reiche neben Armen. *Doch es ist nicht alles Gold, was glänzt.* Auch Gold wirft Schatten – und im Schatten des Goldes hocken die Gegensätze am Wegesrand, tragen weder Gummistiefel oder Flip Flops, noch High Heels oder Sportschuhe, manchmal nicht einmal ihre eigenen Füße am Fuß. Sie betteln vor den schicken Boutiquen, wo andere ihre High Heels oder Sportschuhe erwerben und hoffen, dass jemand ein Stück des Goldes für sie fallen lässt. Würden sich die armseligen Bilder nicht im polierten Schwarz der pompösen Wagen spiegeln, müsste ich manchmal glauben, ich wäre ganz woanders – nämlich nie verreist.

Kinderhände putzen die Scheiben der Wohlstandskarossen, in dessen Dreckwasser sich manche die Hände waschen. Wasser ist Leben – Dreckwasser auch! Aber das Leben ist elend. Zumindest hier, beim Betrachten jener Bilder, die meine Realität der letzten Monate leichthändig und überflüssig, aber im Überfluss entwirft.

Die Verbindung von Armut und Reichtum ist zynisch: Sie sind so weit voneinander entfernt, doch sich zugleich so nahe, dass sie sich weder trennen noch begegnen können. Sie sind so verschieden, doch sich zugleich ganz ähnlich, denn wenn die reiche Welt so nahe neben der armen Welt existieren kann und diese Nähe duldet, ist sie mindestens genauso arm. Vielleicht ist die Armut sogar reicher, weil sie nichts zu verlieren hat. Reichtum hingegen ist arm, wenn er nicht teilt. Und weil sich Arm und Reich zu sehr bedingen, um sich auflösen zu können, werden sie wohl weiterhin existieren.

Typische Szenen am Straßenrand in Lima

Wer einmal von Nord nach Süd oder von West nach Ost durch Lima gefahren ist, ohne dabei einzuschlafen, kann sich dem tiefen Graben nicht entziehen.

Über vier Monate habe ich die *Puzzleteile der Stadt* gesammelt. Ich war lernwillig und wissbegierig und habe abends eifrig gepuzzelt. Doch diese unsichtbare Trennlinie teilt das wohl Durchdachte und aufwendig Sortierte immer wieder und wieder mit einer geraden Linie in zwei Hälften: In Arm und Reich.

Jene allgegenwärtigen zwei Welten in dieser einen Welt sind so gegensinnig, dass sie sich nicht vereinen lassen: Weder in einem Puzzle, noch auf den Seiten zwischen zwei Buchdeckeln und am wenigsten in der Wirklichkeit. Dabei gehören sie zweifellos wie zwei Puzzleteile zusammen – das habe ich längst begriffen. Doch auch zum Ende meines Aufenthaltes in Lima, schaffe ich es nicht, diese beiden Teile zusammenzufügen. Vor diesem – nur zweiteiligen – Puzzle scheitere ich. Es scheint das Resultat meines Aufenthaltes. Kinderleicht, doch offensichtlich so verstrickt, dass es niemand lösen kann. *Oder niemand lösen möchte!?*

Der Kreislauf der Ausweglosigkeit

Warum ist Lima so, wie Lima ist?
So groß.
Zunächst so unüberschaubar.
So verflochten, aber so isoliert.
So nahe, aber so distanziert.
So verbunden, aber so verschieden.
So arm und so reich – zeitgleich.

Weil sich in Lima die Ausweglosigkeit eines ganzen Landes trifft: Die Ausweglosigkeit in den übrigen Landesteilen treibt die Menschen in die Metropole an der Küste, wo sie sich in anderer Form fortsetzt: Geballt und hochkonzentriert – millionenfach und stetig wachsend.

Neben der beruflichen und finanziellen Aussichtslosigkeit, ist zudem der bessere Zugang zu Ausbildungsmöglichkeiten und medizinischen Dienstleistungen der Grund, warum die Menschen das über Generationen geführte Leben zurücklassen, auch wenn davon weitestgehend nur die eine Seite meines Puzzles profitiert. Doch dass die neue Realität in den Städten für viele der meist ungelernten *Campesinos* anders aussieht als erhofft, hält die Ausweglosigkeit nicht davon ab, neue Wege zu wagen.

Informelle Arbeit. Die meist unzureichende Ausbildung der Neuankömmlinge sowie die auch in Lima fehlenden Arbeitsplätze, weisen die Menschen ohne Umwege in die Schattenwirtschaft. Schwarzarbeit ist für viele die einzige Überlebenschance. Die Kosten einer Legalisierung sind hoch und ihre Verwaltungsgänge kompliziert. Erst wenn ein Gewerbe gewachsen ist und Einnahmen abwirft, fordern die Behörden die Zulassung. Für viele Peruaner ist dieser langwierige Weg ganz normal. *Alles ist ein Prozess*, sagen sie und *Optimismus ist der Weg.*

Doch der geringe Verdienst, die Chancen- und Perspektivlosigkeit sowie die mangelnde Beteiligungsmöglichkeit, gehen oft mit Gewalt einher. Der Prozess stagniert und der Optimismus bleibt auf der Strecke.

Der Schwarzhandel am Straßenrand ist vielerorts Normalität und aus dem Alltag von Lima nicht mehr wegzudenken. Würde es ihn nicht geben, hätten viele Menschen kein Einkommen. Nicht registriert und unkontrolliert tut jeder, was er möchte, aber alle, was sie müssen, um überleben zu können. Die Ausweglosigkeit ist kreativ und erfinderisch, geduldig und anspruchslos – sie muss es sein, sonst wäre sie nicht ausweglos.

Informelle Siedlungen. Es ist, als würde ständig jemand etwas ausschütten, für deren Inhalt es keine Schränke gibt. Und niemand räumt auf, weil keiner weiß wohin damit.

Für die stetig eintreffenden Zuwanderer stehen keine Unterkünfte bereit. Sie nehmen die noch freien Flächen am Rande der Stadt eigenmächtig ein und weil jene neuen Stadtteile bisher keine Teile der Stadt waren, fühlt sich keine Verwaltung für sie zuständig. Die Menschen schließen sich einfach dieser Stadt an, ohne an etwas angeschlossen zu sein: Weder an Trinkwasser noch an Strom, weder an eine Abfall- noch eine Abwasserentsorgung, weder an Schulen noch an Krankenhäuser, auch nicht an das Straßennetz – noch nicht. Aber die Ausweglosigkeit hat Zeit. Sie ist geduldig, anspruchslos und wartet, bis man die Stadtviertel eines Tages nachträglich legalisiert.

Dann gehören sie und die dort lebenden Menschen, die entstehenden Abfälle und Abwässer, die neuen Straßen und die auf ihr fahrenden Verkehrsmittel mit den zusätzlichen Abgasen dazu. Lima ist dann offiziell ein Stück gewachsen, hat hunderte neue Kinder geboren und mir hunderte neue Teile zum Puzzeln geschenkt.

Etwa siebzig Prozent der Limeños leben in den armen Vororten! Während man diese andernorts als *Slums* oder *Favelas* bezeichnet, heißen sie in Lima *Pueblos Jóvenes*. Es sind *junge Dörfer*, die sich entwickeln sollen. Denn *Alles ist ein Prozess* und *Optimismus ist der Weg*.

Bislang ist es keiner Regierung gelungen, bessere Lösungen zu finden. Niemand konnte dieses Chaos aufräumen, die Illegalität zurückdrängen – das Puzzle lösen. Vielleicht weil die, die es könnten, es nicht lösen möchten. Denn sie gehören zu denen, die mit jenen Sorgen und Nöten nicht leben müssen.

Wie auf der ganzen Welt, regiert ein kleiner Teil über die große Masse und wie so oft, ist die Korruption näher, als man glauben möchte.

Roba, pero hace obra, er klaut, aber er hat auch etwas gebaut – solange ein Politiker diesen banalen Anspruch seiner Mitbürger verfolgt, ist es vielen egal, woher das Geld kommt und wie viel davon in die Taschen fließt, die ohnehin genug besitzen. Doch solange die, die sich gegen Korruption auflehnen müssten, es nicht tun, werden die, die von ihr profitieren, sie nicht verbannen.

Pueblos Jóvenes in Santa Clara

Ist es nicht so, dass der Alltag der anderen für einen selbst erst dann relevant wird, wenn man ihn am eigenen Leib fühlen muss!?

Lima ist groß. Man muss dem, was man nicht unbedingt sehen möchte, nicht über den Weg laufen. Man muss den Menschen, die von der Hoffnung motiviert und von der Ausweglosigkeit getrieben, in den informellen Siedlungen einer informellen Arbeit nachgehen, nicht begegnen. Weil scheinbar alles in ihrem Leben informell ist, könnte man meinen, ihr ganzes Leben sei informell und deshalb seien sie gar nicht da. Am Rande der gleichen Stadt, wo viele Bessergestellte noch nie waren, vegetieren sie unbemerkt dahin. Sie bleiben für die Oberschicht unsichtbar. Die können getrost ihre Augen vor dem Elend verschließen, nur im Zentrum spazieren fahren und die Geröllhügel mit den bunten Hüttenlandschaften in weite Ferne rücken. Zurück auf das schöne Land, als hätten es die Menschen nie verlassen, weil das für sie Unsichtbare für sie auch unbegreifbar bleibt.

Landflucht. Neben der Ausweglosigkeit beschleunigten die zunehmende Industrialisierung ab den fünfziger Jahren sowie die bürgerkriegsähnlichen Zustände zwischen der maoistischen Guerilla-Gruppe *Sendero Luminoso, Leuchtender Pfad*, und dem peruanischen Militär in den achtziger Jahren den Zuwachs der peruanischen Hauptstadt.

Der *Sendero Luminoso* versuchte damals die bestehende Gesellschaftsordnung umzustürzen, was großen Zuspruch bei den Menschen indigener Abstammung fand, die in vielen Belangen benachteiligt waren. Doch die grausamen Massaker, Bombenattentate, Entführungen, Folterungen und Anschläge auf die Infrastruktur – verübt mit radikaler Brutalität – verbreiteten Angst und Schrecken im ganzen Land. Das Militär ging ebenfalls und ausschließlich mit Gewalt gegen den *Sendero* vor. Und weil es die Guerilla-Kämpfer nicht von den Zivilisten unterscheiden konnte, tötete das peruanische Regime mit Willkür – vorrangig einfache Bauern und Menschen indigener Abstammung. Diese waren der Situation schutzlos ausgeliefert: Gehörten sie dem *Sendero* an, waren sie Gegner der Armee, unterstützen sie den *Sendero* nicht, wurden sie von den Terroristen gefoltert und ermordet. Diese Auseinandersetzung hat fast siebzigtausend Menschenleben gefordert. Niemand wusste, wem er trauen konnte und wo er sicher war. Lima versprach zumindest etwas Schutz vor beiden Seiten. Und so wuchs die Stadt um Millionen.

Während um 1940 fast fünfundsechzig Prozent der peruanischen Bevölkerung auf dem Land lebten, waren es im Jahr 2009 nur noch vierundzwanzig Prozent. Binnen siebzig Jahren hat sich das Land auf den Kopf gestellt – *ist es noch das, was es einmal war?*

Und wie wird sich Peru in Zukunft entwickeln?

Lima wächst weiter! Weil die Stadt noch immer viele Menschen aus den übrigen Teilen des Landes adoptiert, aber vor allem, weil sie mittlerweile selbst so häufig schwanger ist. Laut Prognosen könnten im Jahr 2040 dreizehn Millionen Menschen hier leben. *Doch kann Lima, nach Kairo die weltweit größte Wüstenstadt, diese Herausforderung bewältigen? Kann sie den Durst der Menschen stillen? Und ihren Hunger nach einem besseren Leben?* Mehr Menschen beanspruchen mehr Ressourcen, die eine Wüste nicht bereithält – schon gar nicht für acht Millionen, schon gar nicht für dreizehn Millionen Menschen.

Woher das Wasser nehmen? Und wohin mit dem Abwasser? Limas Wasserversorgung hängt vom Niederschlag in den Anden ab. Weil das Wasser natürlicherweise zu fast achtundneunzig Prozent in Richtung Osten, in das Amazonasbecken, fließen würde, baute man in den siebziger Jahren einen zehn Kilometer langen, transandinen Tunnel, der den Río Rimac in Lima auch in der Trockenzeit mit Wasser speist.

Doch fast ein Drittel des Wassers versickert in der peruanischen Hauptstadt in alten, brüchigen Rohren. Zudem ist der Verbrauch der Limeños zwei Mal höher als der der deutschen Bevölkerung – und das, obwohl zwanzig Prozent der Bewohner nicht einmal an das Trinkwassernetz angeschlossen sind. Der Durst der Reichen, ihre Gärten, Parkanlagen und Swimmingpools, verschwenden *das* Wasser, das eigentlich nicht vorhanden ist. Wie in so vielen Angelegenheiten, ist die Verteilung das Problem, das der Klimawandel noch verschärfen könnte.

Das anfallende Abwasser wird zu einem Großteil unaufbereitet in die Flüsse oder direkt in den Pazifik geleitet. Für die gesellschaftlichen Probleme muss die Umwelt büßen, aber sie wehrt sich. Letztlich fügt der Schaden an der Natur immer auch dem Menschen Schaden zu. Doch der Fortschritt schaut nur *fort* und nicht voraus.

Die Gärtner der Städte. Die Urbanisierung, mit der Konzentration auf die Hauptstadt, stellt nicht nur die peruanische Regierung vor eine schier unlösbare Herausforderung. Mehr als die Hälfte der Menschheit lebt inzwischen in Städten. Die Weltregionen ähneln sich so sehr, so dass sie längst die gleichen Probleme teilen und die Landflucht hört wohl erst auf, wenn auf dem Land kaum mehr Menschen leben.

Wo früher viele Hände gemeinsam wirkten und auf den Feldern arbeiteten, automatisieren heute große Maschinerien die gesamte Landwirtschaft. Das Dasein auf dem Land vertrocknet, während die Städte gedeihen, weil immer mehr Gärtner sie gießen, obwohl kein Wasser da ist. In Lima fallen nur zehn Millimeter Niederschlag im Jahr.

Hier ist die Natur nur noch ein künstlich bewässerter grüner Fleck in den Vierteln der Gutverdienenden oder ein gezüchteter Strauß Blumen auf dem Küchentisch – einmal um die halbe Welt gereist, ehe er schließlich über das Kassenband rollt – *was kostet die Welt?* – der Transport für einen Strauß Blumen scheinbar gar nichts mehr!

Die Blumen des eigenen Gartens sind zu weit weg, weil kaum Gärten und Blumen überlebten und es kaum noch pflückende Hände gibt. Die Globalisierung rückt die Ferne manchmal näher als die Nähe – sie macht das Unmögliche möglich!

Kinderarbeit. Wenn das Einkommen der Eltern zum Überleben einer Familie nicht ausreicht, müssen die Kinder mithelfen, wenngleich eine offizielle Schulpflicht bis sechszehn Jahre besteht.

Die Armut der Eltern bedingt die Arbeit ihrer Kinder.
Aber die Kinderarbeit senkt die Löhne der Erwachsenen,
weil die arbeitenden Kinder die Anzahl der billigen Arbeitskräfte erhöhen.
Somit bewirkt die Kinderarbeit wiederum die Armut der Eltern.
Es ist ein Teufelskreis.

Der auch mich seit vier Monaten in dieser Stadt gefangen hält, obwohl ich nicht von ihm betroffen bin. Die Stadt hat mir ein Puzzle geschenkt, das ich niemals beenden kann, weil immer neue Teile dazu kommen und weil die *große Schere* täglich alles wieder durchtrennt!

Kinderarbeit ist gesetzlich verboten, doch ich stolpere in jedem Bus und an jeder Straßenecke über sie. Die Situation macht das Gesetz ungeschrieben: Kinderarbeit wird toleriert, oft nicht mehr wahrgenommen und ist auch nicht mehr wegzudenken, während sich die Armut in ihrer Spirale einen Kreis tiefer dreht. Denn einmal im harten Arbeitsalltag gelandet, gehören die Kinder der unteren Schicht an, die sie oft ihr Leben lang gefangen hält. Sie verdingen sich als Schuhputzer, Autowäscher oder Zeitungsverkäufer, kassieren in Minibussen, verkaufen Süßigkeiten oder Toilettenpapier oder schuften in den Minen oder Bergwerken des Landes. Andere betteln Tag für Tag bewegungslos vor den Kircheneingängen oder ziehen Kreise um die *Plazas*. Wenn ich sie beobachte, bekomme ich schon vom Zusehen einen Drehwurm. *Meine Welt* dreht sich dann im Kreis, *obwohl* ich mich nicht bewege und seit ich hier bin, denke ich immer öfter: *Weil* ich mich nicht bewege. Und nur zusehe.

Doch was könnte ich anderes tun?

Als Person vom weit entfernten anderen Ende der Erde, wo man sich im Allgemeinen kleinmütig hinter dem bequemen Gedanken versteckt, das gespendete Geld bleibe auf halber Strecke auf der Strecke und in den falschen Händen hängen. Es scheint ein aussichtsloses Unterfangen mit blöder Aussicht – ein Widerspruch in sich.

Vielmehr, als sich zu fragen, was alles in den falschen Händen hängen bleibt, sollte man sich einmal fragen, was in den eigenen Händen Falsches hängen bleibt. Oft sind es die günstigsten Produkte. Und die günstigsten Produkte entstehen aus der günstigsten Herstellung. Und die günstigste Herstellung entsteht durch die günstigsten Arbeitnehmer. Und die günstigsten Arbeitnehmer sind oft die ärmsten Menschen.

Ich möchte keine ideologische Weltverbesserin sein, dafür sind die Dinge viel zu komplex. Aber ich möchte einige Zusammenhänge aufzeigen, weil man dadurch vielleicht sogar ein bisschen die Welt verbessern kann. In einer globalen Welt hört das eigene Leben nicht hinter dem Horizont auf. Wenn wir ihre Vorteile genießen, müssen wir uns auch für ihre Schattenzeiten verantwortlich zeigen. Viel zu lange haben wir nicht nur *zu*gesehen, wir haben *weg*gesehen! Das ist die Arroganz des Wohlstands, die Korruption der Kleinen, der Egoismus der eigenen Seele, den wir so gerne verharmlosen. Doch nur, weil er nur kleine Bahnen zieht, ist er nicht weniger unmoralisch als jener der Mächtigen, über den wir uns echauffieren, weil er so weitreichend ist. Fairen Handel und ein paar Gedanken – nicht nur beim Einkauf – kann sich in unseren Breiten doch eigentlich jeder leisten.

Universaler Einheitsbrei. In Peru leben rund zwölf Millionen Menschen indigener Abstammung. Das ist mehr als in jedem anderen Land auf dem amerikanischen Kontinent. Sie stellen ein Drittel der peruanischen Bevölkerung dar. Die Mehrzahl wohnt in den Anden, im Amazonasgebiet oder mittlerweile am Rande einer großen Stadt – überall dort, wo auch die Armut zu Hause ist. Immer jedoch beschneiden sich die Menschen mit dem Zurücklassen der Heimat ein Stück weit ihrer eigenen Kultur, die viele, wie die eigene Identität, als minderwertig und abschätzig ansehen.

Der Stolz der Inka-Kultur ist im Kern ihrer Seele begraben. Man kann ihn noch lesen, wenn man den Menschen tief in die Augen sieht. Aber die Ereignisse der Geschichte, die ihre Vorfahren erlebten und die Geschehnisse der Gegenwart, unter denen ein Großteil der Indigenen noch immer leidet, legen sich in ihrer *Haltung* nieder: Sie ist gebückt und wurde kleingemacht.

Für viele bedeutet *hellhäutig sein* schön und reich zu sein. Die peruanischen Medien verstärken dieses Bild, denn niemand wirbt mit indigenen Gesichtern. Das Aussehen, der Lebensstil, sogar das Stadtbild: Alles soll einem internationalen Vorbild gleichen.

Lima se cambia, *Lima verändert sich* – das lese ich überall auf den Plakaten am Straßenrand. Die Limeños sind stolz darauf, auch wenn jene Veränderung die Seite der Stadt betrifft, die eigentlich keiner Veränderung bedarf. Ihr geht es schon gut, doch es soll ihr noch besser gehen: Sie soll westlich aussehen.

Binnen weniger Monate sind im Stadtzentrum weltweit architektonisch normierte Shopping Malls entstanden, die in sich weltweit gleichende Geschäfte beherbergen, die mit den weltweit gleichen Werbebotschaften die weltweit gleichen Bedürfnisse der weltweit gleichen Kunden befriedigen wollen. McDonald's neben Pizza Hut, Pizza Hut neben Multiplexkinos, Multiplexkinos neben Kleidungsgeschäften – alle bieten an, was ich auch in der Heimat konsumieren kann.

Die Tiefe des Lebens, die Andersartigkeit der Menschen, die Spiritualität und Erdverbundenheit wird dem – sich immer mehr gleichenden Erdboden – allmählich gleichgemacht.

Jene Orte sind mir an diesem Ort fremd, weil sie mir vertraut sind.

Sie sind Seiten der Stadt, die ich umblättern möchte, weil sie so anders sind als ihr übriges Buch, in dem ich täglich viele Stunden lese. Diese Seiten sind nicht Peru! Diese Seiten sind verwirklichte Globalisierung, die die Einzigartigkeit ausradiert und mit den immer gleichen Pinseln die immer gleichen Motive malt.

Es ist das Gesicht der Stadt, das sich selbst verrät, indem es mit den Augen bloß in die unmittelbare Nähe schaut. Wie kurzsichtig! Der große Rest verschwimmt in der Ferne, die doch so nahe ist. Dabei ist das Zentrum nur die winzige eingezeichnete Sommersprosse eines einfallslosen Künstlers – der Menschenhand. Würde sie den Westen im Westen lassen, weder das westliche Gesicht, noch ihre langen skrupellosen Finger gierig über die eigenen Grenzen ausfahren, müsste die Armut in Lateinamerika viel kleinere Kreise ziehen. Sie wäre, ohne den fortschrittlichen Wind, vielleicht sogar eine ruhige Wasseroberfläche, in der sich ein einzigartiges Gesicht spiegeln könnte.

Doch das internationale Vereinheitlichen verteilt eine einförmige Maske an die Metropolen dieser Erde, die sie und ihre Bewohner freudig aufsetzen, weil sie Fortschritt und Moderne propagiert. Schleichend entsteht eine Welt mit nur einer Sprache, den gleichen Medien, der gleichen Nahrung, Kleidung, Musik, Unterhaltung und Tradition, während die kulturelle Vielfalt verloren geht. Sie lebt noch hinter dem Horizont und am Rande der Stadt, aber schämt sich ihres Daseins. Kinder, deren Muttersprache eine indigene Sprache wie Quechua oder Aymara ist, sprechen in Lima nur noch Spanisch, damit man sie nicht als *paisano*, *Bauer*, beleidigt. Offensichtlich schätzt man den Wert einer Kultur erst, wenn sie nicht mehr existiert – zu spät!

Natürlich machen weder Entwicklung, noch Veränderung an irgendeinem Punkt der Erde Halt. Und natürlich muss man die Menschen befähigen und sind Kulturen im Wandel begriffen. Doch weil der *weiße Mann* seit Jahrhunderten alle Kulturen in seinen Topf wirft, entsteht, wenn er das Gericht in vermutlich wenigen Jahrzehnten fertig gekocht hat, ein ungenießbarer Einheitsbrei, dessen Bestandteile so sehr miteinander verworren sind, dass man sie nie wieder zu Gesicht bekommt. Wenn aus vielen Kulturen nur eine einzige hervorgeht, ist das weder eine Addition, noch eine Multiplikation: Sondern ein Verlust!

Die spannende Vielfalt, das reichhaltige Wissen der verschiedenen Kulturen und ihre an einen Ort gebundenen Traditionen, verlöschen Tag für Tag. Der Charme der Andersartigkeit wird in eine reizlose Vermassung verwandelt. Das ist die Armut des Fortschritts, die von den *Fortschreitenden* nicht erkannt wird. Ihr Würgegriff hält mitten in Lima auch mich gefangen. Ich kann der weltweiten Gleichmacherei nichts abgewinnen. Das künstlich Sterile, das vertraut Kopierte wirkt auf mich reizlos.

Doch kann man die Globalisierung noch bremsen? Oder hat der Mensch ihr die Macht und Eigendynamik verliehen, die wie die Kraft eines Tornados alles gedankenlos vernichtet und ebnet?

Gäbe es sie nicht, gäbe es vermutlich auch die Landflucht nicht in diesem Ausmaß. In den Dörfern lebten die meisten Menschen von dem, was sie selbst erwirtschafteten. Mittlerweile produzieren nur noch ganz wenige für alle Menschen. Maschinen säen und ernten für die Erdbewohner auf der anderen Seite des Globus. Sie machen die Bauern zunächst arbeitslos und ihre Situation schließlich ausweglos. Für sie gibt es nur einen Weg – den nach Lima.

Und damit schließt sich der Kreis.

Wer sich seiner Wurzeln beraubt, verdorrt von innen. Obwohl die Erde *rund* ist, ist die Globalisierung auch in den entlegensten *Ecken* angekommen. Sie ist derart verstrickt und verwickelt, dass Knoten bestehen, die niemand mehr lösen kann. Den Weg zurück gibt es nicht mehr, denn der Fortschritt will immer weiter und ist zur Umkehr nicht bereit. Sein Wesen ist *fortschreiten*, ganz gleich um welchen Preis.

Heute ist nichts und niemand mehr an einen Ort gebunden. Unsere Leben sollen beweglich, flexibel und schnelllebig sein. Wir sind überall und nirgendwo und am meisten in unserem Hamsterrad unterwegs. *Haben wir das Bleiben verlernt?* Wenn der Mensch ständig ausgerissen und anderswo wieder eingepflanzt wird, hat er keine tiefen Wurzeln mehr. Das erschwert, dass etwas wachsen, Blüte tragen und Früchte werfen kann. Die *Blütezeit* verschiedener Kulturen scheint verblüht!

Oder ist das der gewöhnliche Wandel der Zeit, der Kulturgut bringt und wieder nimmt und sich zurzeit nur ungewöhnlich schnell vollzieht? Werden die Handschrift oder ein Buch, in dem man blättern kann, für zukünftige Generationen genauso überholt sein wie Tinte und Feder oder die Schreibmaschine für meine Generation?

Kulturgüter werden überholt von Dingen, von denen heute noch niemand eine Vorstellung hat. Dass sich alles verändert, ist wohl das Einzige, was bleibt. Doch wenn man einem Menschen nicht mehr nur ein Kulturgut sondern die gesamte Kultur nimmt, verdorrt er von innen wie ein Baum ohne Wurzeln. Nichts nährt mehr, nichts hält mehr. Ein Mensch ohne Wurzeln folgt der Landkarte der Masse und verpasst das Ziel der eigenen Reise. Wir sind den äußeren Bedingungen ausgeliefert – doch am meisten uns selbst.

Ist es das, was wir wollten?
Oder hatten wir, was wir wollten?
Oder wollen wir immer das, was wir gerade nicht haben?

Wir sind doch nie zufrieden

Haben wir das eine, wollen wir das andere. Haben wir das andere, wollen wir das eine. Wir wollen Entscheidungen, doch eine Entscheidung *für* das eine, bedeutet eine Entscheidung *gegen* das andere: Das Meer ist zu flach – die Berge sind zu hügelig. Im Wald fehlt uns der Blick in die Weite – am Strand ein Baum, der Schatten wirft. Körperliche Arbeit ist anstrengend – Kopfarbeit bewegungslos. Entspannen wir uns, sind wir träge – bewegen wir uns, fehlt uns die Pause. Konsumieren wir Fertigprodukte, sind wir faul – kochen wir selbst, fehlt uns die Zeit. Nehmen wir uns Zeit für andere, werden wir uns selbst nicht gerecht – nehmen wir uns Zeit für uns, sind wir egoistisch.

Wir erledigen immer mehr und uns dabei selbst.

Wir leben, um zu arbeiten und wollen arbeiten, um zu leben –
doch das Leben bezahlt die Rechnungen nicht.
Wir wollen verzichten und trotzdem genießen –
doch der Genuss mag den Verzicht nicht.
Wir wollen nachhaltig leben und trotzdem reisen –
doch die Umwelt mag das Flugzeug nicht.

Im Frühling wollen wir den Sommer, im Sommer den Herbst, im Herbst wieder den Sommer und der Winter wäre nicht so schlimm, wäre es zumindest ein richtiger Winter. Aber ein richtiger Winter ist viel zu kalt.

Die Wolken sind zu grau, die Sonne ist zu grell, der Regen zu nass, die Dürre zu trocken. Die Gefühle des Lebens schmecken uns nicht. Wir wollen ein salzloses Gericht und beschweren uns, dass das Salz fehlt. *Was wollen wir eigentlich?* Offensichtlich die Unzufriedenheit – aber unzufrieden sein, das wollen wir erst recht nicht.

28. April 2010

Vida Nueva

Am Rande der großen Stadt gelegen, gibt es ein kleines Zentrum, in dem die Kinder keine Kraft mit jenen Gedanken vergeuden und das auch die große Ausweglosigkeit ein Stück weit auffangen kann: Das Centro VIDA NUEVA möchte Kindern mit besonderem Förderbedarf ein *neues Leben* ermöglichen.

Ihre Familien ließen die Heimat zurück, um sich am äußersten Rand von Lima eine neue Existenz aufzubauen, die häufig noch Jahre später in den Kinderschuhen steckt, wenn die Kinder längst aus den Kinderschuhen herausgewachsen sind. Die Hütten aus Backstein, Pappe und Holz, der Fußboden aus Beton und das Plumpsklo anstelle einer Kanalisation bezeugen ein Leben am Existenzminimum. Obwohl die Eltern oft mehr als zehn Stunden am Tag arbeiten, liegt ihr Einkommen deutlich unter dem Durchschnitt – eigentlich liegt alles unter dem Durchschnitt.

Die Kinder wären häufig sich selbst überlassen, gäbe es das Centro nicht, das die Psychologin Marlene Pérez Brockert im Jahr 1993 gründete und das von privaten Geld- und Sachspenden aus Deutschland sowie von der deutschen Entwicklungsorganisation Inwent GmbH getragen wird. Das beweist, dass nicht alles auf der Strecke bleibt – hier kommt es an. Sogar sehr gut an!

Es bedarf so wenig, Freude in das Leben der Kinder zu bringen, die mir zugleich viel größere Freude zurückgeben. Wenn ich in ihre frohen, frei von Vorurteilen und Absichten lachenden Gesichter blicke, geben sie mir mehr, als ich zu geben vermag. Und mit ihrem gedankenlosen Handeln, ihrer unbeschwerten, vom Leben nicht beschwerten Art zu leben, lehren sie mich mehr, als ich ihnen beibringen kann.

Sie sind so besonders und wissen nicht darum.

Aber ich glaube, es ist genau das:

Dass sie einfach sind, so wie sie sind: Unverfälscht!

Ohne eine Wirkung erzielen zu wollen und ohne den Nutzen ihres Tuns und Seins zu hinterfragen.

Mit der Fähigkeit, unveränderliche Dinge annehmen zu können.
Viel weiser als so mancher *Gesunde*.
Von Beruf: Alle Lehrer.

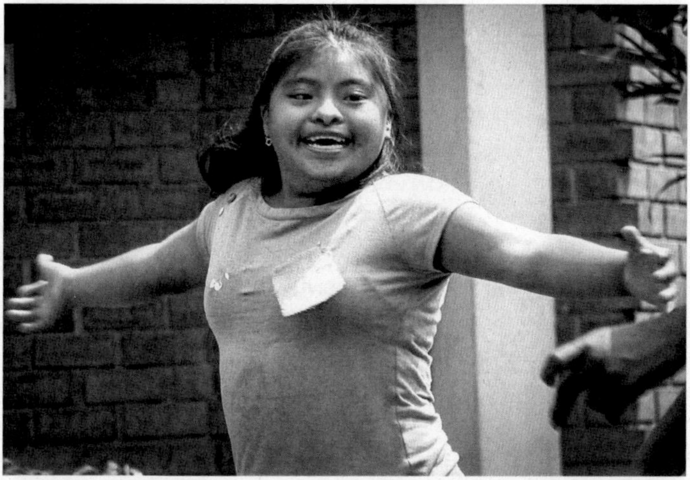

Und doch haben sie in Peru einen schweren Stand: In armen Verhältnissen ein Kind mit Behinderungen zu haben, stellt für eine Familie eine große Last dar, die mit abwertenden Blicken anderer einhergeht. Es ist ein Kind, das gegenüber Gleichaltrigen schlecht abschneidet. Ein Kind, das die Familie nicht unterstützen kann, sondern selbst der Unterstützung bedarf. Ein Kind mit Behinderungen ist eine Bürde, die manche Familien nicht tragen können oder wollen, was die Frage einer verzweifelten Mutter, ob ich ihren Sohn bei meiner Abreise nach Deutschland mitnehmen könne, unmissverständlich aufzeigt.

Um diesen Vorurteilen das Vorurteil zu nehmen, findet heue Abend ein Zusammentreffen von Eltern, Pädagoginnen und Therapeuten statt. Eine ausgebildete Psychologin vermittelt, dass ein Kind mit Behinderungen gleichermaßen wertvoll und liebenswert ist wie ein Mensch ohne Behinderungen. Was in Deutschland selbstverständlich ist, hören viele Eltern an diesem Abend zum ersten Mal.

Sie fängt ganz einfach an, indem sie uns das Wesen eines Menschen erklärt: Jeder ist einzigartig und doch sind wir alle gleich – *ganz* gleich! Ganz gleich, ob wir eine Behinderung haben oder nicht. Jeder steckt voller Talente, die es zu entdecken und zu fördern gilt. Jeder trägt Gefühle, Gedanken, Wünsche, Sehnsüchte und Ängste in seinem Inneren und möchte respektvoll behandelt werden. Außerdem macht sie deutlich, wie entscheidend eine gezielte Förderung, eine ständige Unterstützung und immer neue Ermutigungen sind. Nicht nur vormittags in VIDA NUEVA, vor allem zu Hause im Alltag.

Die junge Psychologin ist in ihrem Element und fesselt die Zuhörer, weil sie selbst so begeistert ist, und die Eltern scheinen in diesem Augenblick zu begreifen und eine völlig neue Liebe zu ihrem Kind zu entwickeln. Nicht alle, aber viele Eltern sind heute Abend erschienen und zeigen durch ihre Anwesenheit, wie groß das Interesse und zugleich der Bedarf an Aufklärung ist. Das Ergebnis beeindruckt mit motivierten Eltern, Pädagoginnen, Therapeuten und einer stolzen Chefin, die sich nun alle als Team ansehen. Was für ein Wandel und Neuanfang zu meinem Ende in VIDA NUEVA. Pünktlich und fühlt sich doch verspätet an – typisch peruanisch eben.

Hand in Hand stehen wir in einem großen Kreis im Garten und in jedem Gesicht sind Motivation und Freude, aber zugleich auch Nachdenklichkeit zu lesen.

Ich lese jedes Gesicht, jede Seite. Vielmehr als Worte, lese ich zwischen den Zeilen und genieße die unglaubliche Präsenz der positiven Energie. Ich möchte gar nicht umblättern.

Mir ist bewusst, was das für ein besonderer Moment ist!

Was das für eine besondere Zeit war!

Vergänglichkeit

Zwei Tage später wird Lima für mich Vergangenheit. Ob die Stadt jemals wieder meine Gegenwart sein wird, bleibt das Geheimnis der Zukunft. Ganz unbemerkt werden Tine, Steffi, Sandro und ich die peruanische Hauptstadt verlassen wie vier winzige von acht Millionen Sandkörnern, die der Wüstenwind weiterweht.

Zum Abschied organisieren wir Freiwilligen eine Feier für die Kinder

Ein Abschied folgt dem nächsten: Abschied von den Kindern, Abschied von den Pädagoginnen, Abschied von Marcella, der Leiterin des Centros, Abschied von den anderen Freiwilligen, die in den Monaten zu Freunden geworden sind und schließlich Abschied von Lima. Jeder Abschied konfrontiert mit der Vergänglichkeit.

Ich weiß, dass man nicht allzu oft an sie denken soll, doch mit jedem Versuch, einen Gedanken nicht denken zu wollen, wurde er bereits gedacht. Und weil die Vergänglichkeit in den letzten Tagen unablässig durch meinem Kopf zog, würzt sie das köstliche Gericht des Augenblicks mit ihrem bitteren Beigeschmack – doch zugleich macht sie die Zeit kostbar. Würde alles ewig währen, würde alles vermutlich an Wert verlieren.

So ist der Mensch: Das Außergewöhnliche schätzt er mehr als das Gewöhnliche, bis das Gewöhnliche außergewöhnlich wird. Manchmal erkennt man erst, wie außerordentlich das alltäglich Normale ist, wenn die Dinge auf genau jene Art nicht länger verfügbar sind.

Für mich ist es der Alltag der Stadt, der in seiner Normalität eine Kuriosität darstellt. Es ist eine verrückte Stadt, eine widersprüchliche Stadt, eine lebendige Stadt. Eine Stadt, deren Reize nach wenigen Metern müde machen, so *reizvoll* sind sie auch nach viereinhalb Monaten noch. Eine Stadt, in der man zu Staunen nie aufhört und in der die Langeweile nie beginnt. In der die Lebendigkeit ebenso viele Momente verschluckt, wie sie im selben Augenblick gebärt. Zu viele, um sie zu beschreiben. Zu viele, um sich an sie zu erinnern. Doch die richtige Anzahl, um sich von einer einzigartigen Welt begeistern und belehren zu lassen.

Während meiner letzten Busfahrten durch Lima, denke ich an meine erste Fahrt und an ihre unendlichen Eindrücke. Jeder Blick war ein Schnappschuss mit den Augen und mein Film schnell voll. Ich habe ihn gewechselt, gewechselt und wieder gewechselt. Viereinhalb Monate lang. Nun ist die Zeit gekommen, um den Film zurück zu spulen und die Bilder zu entwickeln, damit die Erinnerung entstehen kann.

30. April 2010

Ticktack

Abschiedsgespräch ohne Worte. Der Garten des Centros ruht still in der abendlichen Finsternis. Ich sitze allein auf der obersten Treppenstufe vor unserem Zimmer, auf der wir so oft zusammen saßen und über unser *vida nueva* plauderten. Nun gleitet mein Blick über eine leere Wohnung und durchwandert die in ihr lebenden Erinnerungen, die der Raum sogleich wie eine Schatztruhe vor dem Rest der Welt verbergen wird.

Mit den abgezogenen Betten und den leeren Schränken ruht sie nackt und unberührt, fast, als wäre Geschehenes nie geschehen. Von nun an wird keine Bewegung die Staubkörner der Wüstenstadt aufwirbeln. Geradlinig werden sie die Oberflächen mit ihrer Schrift bedecken, bis die nächsten Volontäre einziehen und ihr Geschichten über die Kinder des Centros und über Lima erzählen.

Ich betrachte sie schweigend und sie schweigt zurück. Der Abschied schwebt durch das Zimmer und bringt keine Worte mehr hervor. Nur das gleichmäßige Schlagen des Sekundenzeigers schallt in dem leeren Raum wider. Es nimmt ihn ein. Es nimmt mich ein. Heute, an meinem letzten Abend, wie im Dezember, an meinem ersten Abend. Damals vor Aufregung, heute vor Melancholie.

Ticktack.

Zwei Sekunden – eine kurze Zeitspanne. Doch das kontinuierliche Aneinanderreihen zweier Sekunden lässt Minuten, Stunden, Tage, Wochen und schließlich viereinhalb Monate vergehen.

Beharrlich schreitet der Zeiger über das Ziffernblatt und verleibt sich mit jeder Runde mehr von dem ein, was einst die spannende Zukunft war. Man kann die Zeit nicht anhalten – man kann nur *in* der Zeit anhalten. So lange, bis *sie* sie eines Tages anhalten wird. Doch bis zu diesem Augenblick ist immer nur das Jetzt real.

Ticktack.

Und schon ist es vorbei.

Unentwegt rennt die Zeit durch die Welt und durch jedermanns Leben. Zählt die Sekunden, zählt die Jahre und kann am Ende doch nicht mehr aussagen, als eine bloße Zahl es eben kann. Nur die Intensität, mit der man das Leben lebt, vermag eine Aussage über seine Fülle zu treffen. Viereinhalb Monate – zwei Worte. Sie beinhalten eine leere Zahl und sind dennoch der Grund, warum ich heute gehen muss. Ich bin traurig, dass ich gehen muss, aber glücklich, dass ich hier sein durfte. Es gibt kein Wort für mein Befinden – ich bin beides: Ich bin *glückrig*, ich bin *traulich* und überrascht, wie schnell das lang gekannte Datum Realität werden konnte. Als hätte der Kalender seine Blätter selbst ausgerissen, entzieht mir die Unbeständigkeit des Seins einen Boden, auf dem ich nicht so sehr verwachsen wollte, wie ich verwachsen bin.

Ticktack – fernes Zuhause. Wenn die einst unbekannten Personen der angrenzenden Häuser zu vertrauten Nachbarn werden und ich weiß, bei welchen Hunden ich die Straßenseite wechseln sollte, wenn ich Geräusche und Gerüche mit geschlossenen Augen zuordne, in Gedanken Preise verschiedener Produkte vergleiche, Gesprächsfetzen einer fremden Sprache schon im Vorbeigehen verstehe, das Straßennetz überblicke, das einst ein Labyrinth gewesen ist, fremdes Denken nachvollziehe und die Kultur verstehe, die passenden Münzen durch Ertasten in meiner Hosentasche finde, im Dunkeln weiß, wann die nächste Stufe kommt, mich Menschen auf der Straße begrüßen und ich die Lieder im Radio bereits nach wenigen Tönen mitsumme, dann darf ich sagen, in Lima ein Stück Zuhause gefunden zu haben!

Ticktack – doch Leben heißt Abschiednehmen. Immer wieder, überall, von jedem und allem. Nichts ist beständig: Menschen, Orte, Materie – alles begleitet uns nur für eine gewisse Zeit, ehe das Leben einen jeden auf dem eigenen Weg weiterspült. Leben ist Veränderung und Veränderung geht mit Abschied einher. Doch Abschied heißt Lebendigkeit und bedeutet zum Glück auch: Sich erinnern dürfen.

Wenn ein Abschnitt zu Ende geht, wird ein neuer geboren. Aber weil man die Zukunft nicht greifen kann, winkt sie wie ein beängstigendes Fragezeichen. Dabei war jede Vergangenheit einst eine ungewisse Zukunft. Die Vergangenheit hingegen ist immer ein vertrauter Gefährte, den ich heute nicht loslassen möchte. Zurücklassen tut weh. Aber wehtun kann es nur, weil es gut gewesen ist. Weil die waltende Traurigkeit wortlos erklärt, dass ich glücklich war, weil Gedanken länger verweilen möchten, als ich physisch anwesend sein werde und weil mein Herz nicht vergessen, sondern sich erinnern möchte!

Abschiedsschmerz heißt: Alles Erlebte, alle Puzzleteile in seine Einzelstücke zersprengen und so lange puzzeln, bis das Ganze wieder sichtbar ist. Dann erst ist das Erlebte verarbeitet, der Schmerz über die Vergänglichkeit entschärft und die Erinnerung geboren.

Ticktack – eins mit Lima.

Eins mit Lima.

Mindestens zwei Mal am Tag.

Auf dreispurigen Fahrbahnen.

Vier Stunden lang.

Ich trage weiß und komme in grau nach Hause: Smog, Busberührungen und verschmutzte Sitze, Abgase in der Luft, Abgase in der Lunge und Staub überall – Lima legt sich Schicht für Schicht auf mir ab, bis ich Teil bin: Teil von Lima, eins mit Lima, ein Puzzleteil von Lima.

Ich verschmelze mit dem Moloch, bis ich abends den Abdruck der Flip Flops von meinen Füßen wasche und feststelle, dass ich kein Mimikry der Peruaner, sondern nur eine deutsche Besucherin bin. Nie konnte ich untertauchen, weil mein Aussehen mich sofort aus der Masse auftauchen lassen hat. Aber mit meinem Herzen, meinen Sinnen und Gedanken durfte ich in die Stadt eintauchen. Ich durfte sie erfahren, mich in ihr erfahren, die ganze Welt in ihr erfahren. Sie war meine Lehrerin, die mir Ungerechtigkeiten aufzeigte, meine Ansicht von Wohlstand neu definierte und mir unermüdlich die Armut erklärte – verstanden habe ich sie auch nach über vier Monaten nicht.

Lima hat durch die täglichen äußeren Spuren, längst innere Spuren hinterlassen. Lima hat mich verschluckt, mitgerissen, mich die Zeit vergessen lassen und spuckt mich nun wieder aus.

Weil die Zeit vergangen ist, weil die Zeit gekommen ist.

Weil die Zeit gekommen ist, um Abschied zu nehmen.

Eins mit Lima war einst!

Ticktack.

¡Chau Lima!
¡Cuídate!

KAPITEL II

UNTERWEGS. ANKOMMEN.

11. Mai 2010

Peruanisches Kabarett

Mit seinem begrenzten Raum wirft mein Rucksack immer wieder die Frage auf, warum ich in Deutschland so viel mehr besitze, wenn das meiste, was ich benötige auch auf meinem Rücken Platz finden kann. Je weniger ich anhäufe, umso weniger kann ich verlieren und umso freier bin ich. Jegliche Materie beschwert nicht nur das Unterwegssein, sondern auch den Geist, denn wenn man sich äußerlich auf das Notwendige reduziert, schärft dies den Blick für das Wesentliche. So macht die Einfachheit des Reisens Vieles auf einfache Weise einfach.

Nach einer wundervollen und wanderreichen Woche mit Steffi in Huaraz, bin ich nun in Cusco gelandet, wo ich in der *Hospedaje Inka* mein Gepäck noch einmal reduziere und mit einem kleinen Rucksack zu der weltbekannten Inka-Stätte aufbreche: *Machu Picchu.*

Sitznachbarn. Um 8.30 Uhr soll der Bus nach Quillabamba abfahren. Auch wenn ich in Südamerika nicht an Pünktlichkeit glaube, sitze ich um 8.30 Uhr auf Platz Nummer zweiunddreißig und bin gespannt, wer auf dieser Reise neben mir sitzen wird. Denn obwohl man sich auf den südamerikanischen Busfahrten über viele Stunden unvermeidlich nahe ist, ist ein Schweigen oft das einzige, was man mit seinem Nebenmann teilt.

Der Bus füllt sich schnell, aber der Platz neben mir ist noch frei. So betrachte ich neugierig die draußen ihr Gepäck verstauenden Passagiere, während sich Hoffnungen und Ängste breit machen, denn ich möchte nicht jedem so nahe sein, wie ich ihm zwangsläufig sein muss: Es gibt die Ignoranten, die sofort ihren Sitz nach hinten stellen, mich mit ihren Ellenbogen gegen die Scheibe pressen und in einen tiefen Schlaf verfallen. Es gibt die übel Riechenden, bei denen ich mich aus freien Stücken in Richtung Scheibe orientiere. Es gibt die Schweigenden und die Telefonierenden, die ruhig Schlafenden und die Schnarchenden, die Fernsehschauenden und die Apathischen. Es gibt die Frauen, die mehrere Kinder auf ihrem Schoß stapeln und die, die einen Gepäckturm zwischen uns errichten. Und selten gibt es die Neugierigen, die sich unterhalten wollen, die etwas über die Welt der unbekannten Nachbarin erfahren möchten und auch auf ihre Fragen zu antworten wissen – es gibt die Geschichtenerzähler, die eine lange Busfahrt kurzweilig sein lassen. So wie heute...

Ein etwa vierzigjähriger Mann betritt den Bus, vergleicht die Platznummer seines Tickets mit den über den Sitzen stehenden Zahlen, lächelt mich an, setzt sich neben mich und beginnt ein Gespräch. Der Unbekannte heißt Carlos. Er arbeitet als Polizist in Cusco, ist verheiratet und hat zwei Kinder. Warum ihn sein Weg in die *Selva*, in den *Urwald*, führt, frage ich und erfahre, dass er in der Umgebung von Quillabamba aufgewachsen ist. Heute möchte er seinen Vater besuchen, der dort noch immer mehrere Kaffee-, Orangen-, Kakao- und Avocado-Plantagen unterhält.

»Mein Vater gehört der Kooperative *Cocla* an. Ein Unternehmen, das biologischen Kaffee und Kakao produziert und vielen Bauern dieser Region vor knapp zehn Jahren die Existenz rettete. Damals fiel der Preis an der New Yorker Kaffeebörse so stark, dass viele Quechua-Indianer kurz vor dem Ruin standen. Mithilfe von *Cocla* konnten die meisten ihre Produktion auf die Bedingungen eines fairen Handels umstellen und somit nicht nur ihren Lebensunterhalt sichern, sondern sogar verbessern«, erzählt er und fragt, was mich nach Südamerika treibt und warum ich auf dem Weg in die *Selva* bin. Und während ich beginne, meine Geschichte zu erzählen, heult der Motor laut auf.

Es ist 9.30 Uhr. Peruanisch pünktlich verlassen wir Cusco.

Die Sonne scheint vom wolkenlosen Himmel und die Luft ist so frisch und klar, als hätte die Andenwelt ihr soeben erst das Leben geschenkt. Nur der Bus wirbelt Staubwolken auf und quält sich schwerfällig die steilen Hänge hinauf, die Cusco von allen Seiten umgeben.

Ohne erkennbaren Grund überkommt mich plötzlich eine tiefschürfende Welle der Freude. Nach den Monaten im staubigen Lima, sehne ich mich nach Farben! Nach Grün und nach Sauerstoff. Nach Ursprünglichkeit und nach Schweigen. Ich möchte die schöpferische Schönheit mit allen Sinnen inhalieren. Ich möchte die Freude wieder fühlen, die die Bilder der peruanischen Hauptstadt so gekonnt in Schach hielten. Ich habe Lust auf *Leben!*

Ich erzähle Carlos, dass ich aus Deutschland komme, vor ein paar Jahren für sechs Monate in dem kleinen brasilianischen Ort Leme gelebt habe und aufgrund meiner Leidenschaft für Südamerika auf den Kontinent zurückgekehrt bin. Dass ich seit letztem Dezember in Lima gearbeitet habe, dass ich nun acht Wochen Peru und Bolivien bereisen werde und schließlich über die Route *Chile, Argentinien, Paraguay* nach Leme zurückkehren werde.
»Und jetzt bist du auf dem Weg nach Machu Picchu?«, fragt Carlos.
»Ja! Aber ich habe lange überlegt, ob ich diesen Ort, den man von zu vielen Fotografien schon fast auswendig kennt, überhaupt sehen möchte. Die Touristenströme, die ihren Müll zurücklassen, die beschränkten Besucher und die beschränkten Besucherzahlen sowie der Gedanke an eine zukünftige Seilbahn ruinieren die Mystik doch schon lange, bevor man sich ein eigenes Bild von diesem Ort machen könne«, erkläre ich. Er lächelt über meine Worte, die ein Peruaner wohl nie in dieser Deutlichkeit aussprechen würde und die ich normalerweise auch keinem anderen Peruaner so deutlich gesagt hätte. Aber er scheint den Sprung zwischen unseren Kulturen zu schaffen und meine Bemerkung richtig einordnen zu können: Es ist keine Kritik an seinem Land, sondern meine Meinung, gepaart mit deutscher Direktheit und Ehrlichkeit.

Schließlich frage ich den modernen Peruaner, der selbst schon einmal dort gewesen ist: »Machu Picchu – sehen oder nicht sehen?«. Seine Antwort ist eindeutig: »Man *muss* Machu Picchu gesehen haben!«.

Theater im Bus. Der Bus ist spartanisch ausgestattet und befördert neben mir ausschließlich Einheimische. Es gibt keine Klimaanlage und noch weniger Beinfreiheit. In diesem Bus fehlen sogar der Fernseher und das Radio und so ist es ungewohnt still. Doch die Stille währt nur kurz: Für Unterhaltung sorgen verschiedene *Solokünstler*, die ihre Geschichten preisgeben, als seien es traurige Märchen, deren Ende die Passagiere mit dem Kauf einiger Bonbons zum Guten verändern können.

Von nun an hängen meine Ohren an den Lippen der Erzähler, als sei der Bus eine Theaterbühne. Gekonnt und routiniert schwingen mehrere Personen überzeugende Reden, von denen ich mich frage, wie viel Wahrheit sie beinhalten und wie viel Fantasie ihnen beigemischt wurde. Nachdem uns der erste Redner sein Schicksal anvertraut hat, wickelt er mehr als die Hälfte der Fahrgäste mit den Worten um den Finger, dass alles, was man für andere tut, zu einem selbst zurückkommt. Das zieht! *Vielleicht kann beim Verkauf von Süßigkeiten aber auch einfach kein Peruaner widerstehen...!?* Wie auch immer – von überall erklingt das Klirren der Münzen und auch Carlos und ich kaufen ein paar seiner Bonbons, ehe sich der Redner bei seinem Publikum bedankt und den Bus verlässt.

Bühne frei für den nächsten Entertainer, der wie der nächste, der übernächste und der darauffolgende, das Wort nahtlos übernimmt. Wie ein Lied mit mehreren Strophen, konstruieren die verschiedenen Personen ein Musikstück, dessen Refrain von der Armut handelt. Sie schildern ihre ausweglose Situation, berichten von kranken Familienangehörigen und klagen über die fehlenden Mittel für Medikamente. Einer versucht das nötige Geld für ein Studium zusammenzubekommen, um seiner Familie endlich ein besseres Leben zu ermöglichen, ein anderer spart für den Neubeginn in Lima.

Ich verfolge die Worte, deren Bilder ich längst gesehen habe: Allesamt beschreiben sie den Teufelskreis der Armut, der vor langer Zeit begann und auch in diesem Bus nicht enden kann. Wie immer stößt der Kreislauf der Armut den Kreislauf meiner Gedanken an. Auch Carlos ist längst verstummt. Wir sind beide in den oft gehörten Worten versunken, die Stimmen kundtun, die man einfach nicht überhören kann.

Als der nächste Alleinunterhalter die Bühne betritt, folgen fast sechzig Minuten Aufklärung über gesunde Ernährung und Kritik eines Peruaners an seinen Landsleuten. Mit seiner lauten Stimme gelingt es ihm sogar die Schlafenden zu wecken und so genießt er ungeteilte Aufmerksamkeit, als er voll Überzeugung eine mir unbekannte und wahrscheinlich frei erfundene Wissenschaft erklärt:

Anhand von schockierenden Erfahrungsberichten, die er mit unmissverständlichen Bildern seines Kataloges unterlegt, zeigt er die Spätfolgen einer ungesunden Ernährung auf. Fettleibigkeit versus Magersucht, verstopfte Arterien, verfettete Lebern und verklebte Bronchien. Ich sehe abschreckende Bilder und schaue in noch entsetztere Gesichter. Die Kombination aus Wort und Bild wirkt. Er erzählt und kritisiert, fantasiert und überzeugt und die sonst oft so teilnahmslosen Mitfahrer lauschen seinen Worten, bangend und hoffend, dass der Weise auch den Ausweg kennt.

Anerkennend lobt er die Chinesen für ihre fortschrittlichen Erfindungen und verurteilt die peruanische Lethargie: »Ihr wisst euren Reichtum an Früchten, Gemüse und Getreide nicht zu nutzen! Anstelle der Früchte, ernährt ihr euch einseitig von Hühnchen, Süßwaren und zuckerhaltigen Limonaden!«, klagt er verzweifelt, während die einzigartige Landschaft mit ihren gut erhaltenen Terrassenanlagen der Inka nahezu unbeachtet hinter dem Fenster vorüberzieht.

Als er den Spannungsbogen nach zwanzig Minuten Aufklärung nicht weiter spannen kann, erfolgt in die erwartungsvolle Stille endlich die Lösung: »Alles, was ihr tun müsst, ist jeden Morgen und jeden Abend diese Pillen zu schlucken und das Ende eures Leidens ist gewiss!«

Ganz anstrengungslos, absolut benutzerfreundlich.

Ob bei Gewichts- oder Herzproblemen, bei Magenschmerzen oder als unterstützende Wirkung für den Muskelaufbau, selbst im Kampf gegen die Impotenz ist dieses Mittel potent und so ist für jedes Leiden und für jeden Mitfahrer etwas dabei.

Nach bester Verkaufsstrategie legt er das Produkt nun jedem Passagier in die Hand. Ehrfürchtig halte auch ich das Wundermittel in meinen Händen, als seine Worte das ausgebrochene Stimmengewirr wieder übertönen. Euphorisch fügt er hinzu, dass diese Pillen *gerade heute*, *nur für uns*, im Angebot seien.

Wer da nicht kauft, ist selber Schuld.

Ich staune nicht schlecht, als tatsächlich fast alle das aktuelle Angebot, vielleicht durch das schlechte Gewissen der zuvor verzehrten Süßigkeiten, nutzen und einige vermeintliche Schnäppchen schlagen. Geld und Heilmittel fließen durch den Bus und lächelnd beobachte ich, wie sich ein Gefühl der Genugtuung um die Züge des Verkäufergesichtes schleicht. Ich glaube, dass weniger der Inhalt, als vielmehr das Auftreten dieses Mannes überzeugen konnte. *Ein Genie,* denke ich und würde zu gern auch bei seiner Strophe das Verhältnis von Realität und Fantasie erfahren.

Seit Fahrtbeginn piepsen etwa vierzig Küken aus zwei winzigen Pappkartons hinter Carlos und mir. In den kommenden Monaten werden sie gefüttert, bis eine Familie wenige Wochen von ihnen satt werden kann. So viel zum Hoffen und Bangen um den passenden

Sitznachbarn und zu der ausgewogenen Ernährung der Peruaner.

Die Fahrt besitzt eine eigenartige Komik und obwohl sich niemand kennt, obwohl es nur eine Kette sich aneinander reihender Situationen ist, ergibt das Gesamte eine kabarettistische Vorstellung. Das ist Peru: Eigenartig komisch, unschuldig naiv und ungemein sympathisch.

Nach etwa einer Stunde erreichen wir Urubamba. Die Geschäfte sind abgeschlossen. Der gesundheitsbewusste Verkaufsstratege steigt zufrieden aus und zieht mit seinem Kollegen, der in einem anderen Bus aufklärte, hinter unserem Fenster Bilanz. Zwei Könner, die während sie abzocken, den Unwissenden auch noch ein gutes Gefühl verleihen – *wie gut, dass auch Placebo wirkt.*

Wir haben fünfzehn Minuten Pause für den Toilettengang und um den Hunger an einem oder mehreren der vielen Verkaufsstände am Straßenrand zu stillen. Alles, was in der letzten Stunde schlecht geredet wurde, wird hier von peruanischen Verkäuferinnen lautstark angepriesen, und – nun zeigt sich der Erfolg der vergangenen Stunde – von soeben aufgeklärten Passagieren auch gekauft! Süßwaren, helles Gebäck, Maiskolben mit Käse, Chips, Popcorn und stark gesüßter Fruchtsaft landen gedankenlos in den hungrigen Mägen, die doch eigentlich ganz andere Ideale verfolgen. Wenn der Geist willig, aber das Fleisch schwach ist, müssen die Wunderpillen eben umso stärker sein, aber dieses Phänomen ist mir aus der Heimat hinlänglich bekannt.

Dennoch mag ich diese Eigenartigkeit des Volkes, die manchmal so skurril ist, dass ich sie zurück in Deutschland vermutlich selbst nicht glauben werde. *Verrücktes Peru*, denke ich, während auch ich die Werbepause des Bustheaters nutze und die Toilette aufsuche.

Das Ekelkabinett. Vorhang auf: Wie groß die Distanz zur Toilette ist, kann ich nicht nur sehen, sondern auch riechen. Nicht nach Geschlechtern getrennt, teilen Männer und Frauen das gleiche Los. Die Menschenschlange reicht bis weit in den Hinterhof – der Geruch schafft es noch weiter.

Drei spärliche Plastikfolien bilden die improvisierten Toilettentüren, erzeugen nur minimale Privatsphäre und zu wenig Raum. Deshalb stehen die Männer schon im Hinterhof unmittelbar neben der Warteschlange dicht beieinander in *Reih und Glied* und zielen in eine Rinne an der Wand.

Jegliche Spur von Hygiene ist von zahlreichen anderen Spuren überlagert: Der eigentlich trockene und weiß geflieste Boden ist nass und braun, der Übergang zur Urinrinne im wahrsten Sinne des Wortes *fließend* und weil es keine Spülung gibt, kann ich erahnen, wie viele Busse heute schon vor uns hier gewesen sein müssen. Wassereimer sollen die Spülung ersetzen. Doch was nicht benutzt wird, kann nichts ersetzen. Es stinkt erbärmlich.

In der Hoffnung, dass diese Situation schnell ihr Ende findet, wird die Distanz zum Ursprung des Übels nur viel zu langsam geringer. Wäre das menschliche Bedürfnis kein menschliches Bedürfnis, hätte ich den Hinterhof längst verlassen. Doch nun stehe ich als erste in der Reihe und warte, welche Plastikfolie mir Blicke offenbart, die ich gar nicht sehen möchte. Ein gebrechliches Ömchen zieht den blauen Vorhang für mich auf und während ich mir in meinen abgelaufenen Flip Flops mehr Sohle wünsche, schleicht sich die Alte ohne Wassereimer davon.

Vorhang zu.

Blaue, nasse Plastikfolie begrenzt ein Loch im Boden und zwei aus Steinen angefertigte Fußabdrücke, die vorherige Besucher definitiv nicht zum Positionieren der Füße nutzten. *Augen zu und durch*: Was ganz offensichtlich jeder hier denkt, denke auch ich und verlasse in Rekordzeit das lauteste stille Örtchen, das ich je besucht habe.

Über den nassen Boden balanciere ich zurück in den Hinterhof, wo ein Gartenschlauch mit fließendem Wasser auf meine durstigen Hände wartet. Unglücklicherweise begegnen mir hier fast ausschließlich Frauen und auch mein Sitznachbar verlässt den Hinterhof, ohne einen Abstecher zum Gartenschlauchwasser – das habe ich genau gesehen.

Von der Sierra in die Selva. Das Hupen des Busfahrers holt die noch fehlenden Passagiere von den Verkaufsständen oder hinter den Plastikfolien hervor. Weiter geht's – von nun an ohne Akteure. Ihr Lied verstummt, aber der Ohrwurm bleibt. Die Solokünstler steigen gerade in *die* Busse ein, die zurück nach Cusco fahren, während sich bei uns die Stille ausbreiten will, die die Küken jedoch immer wieder durchbrechen.

Zwanzig Kilometer hinter Urubamba erreichen wir Ollanta, der als ältester, dauerhaft bewohnter Ort Südamerikas gilt und bereits zur Zeit der Inka von großer Bedeutung war. Noch heute thront die eindrucksvolle Festung *Ollantaytambo* mächtig über der Stadt, als sei jene Kultur nie untergegangen.

Von Ollanta soll die Fahrt noch etwa viereinhalb Stunden bis nach Santa Maria dauern, wo ich den Bus wechsle. Während der Río Urubamba die geheimnisvolle Inka-Stätte *Machu Picchu* auf direktem Weg gen Westen erreicht, führt meine Strecke zunächst mit dem Bus und schließlich zu Fuß fast einmal im Kreis um die Ruinenstätte herum.

Nachdem wir den 4320 Meter hohen Pass Abra de Málaga überwunden haben, gehen die Anden in den Urwald über und sogleich dringt schwüle Hitze in den Bus.

Der Pass Abra de Málaga trennt die Sierra von der Selva

Farnen- und Schlinggewächse peitschen gegen die Fensterscheiben und der Schotterweg wird enger, holpriger und staubiger. Bananenpflanzen, Papayabäume und Kaffeesträucher beleben das Land, endloses Grün erfüllt meinen Blick.

Die meisten Passagiere haben ihre Einkäufe in Cusco erledigt und befinden sich auf dem Rückweg in ihre Heimat, die versteckt im peruanischen Urwald-Dickicht liegt, wo sich ein Tourist nur selten hin verirrt. Die Anden begrenzen ihre entlegene Welt.

Die Stimmung im Bus ist friedlich, still und ursprünglich. Die Bauersfrauen unterhalten sich auf Quechua und das Zusammensein wirkt wie das einer großen Familie, zu der ich mich für ein paar Stunden an den Tisch setzen darf. Dass ich hier sitze, nimmt jeder so hin, doch ich fühle mich unausgesprochen ausgesprochen willkommen.

Popcornregen. In Santa Maria, wo nur wenige Häuser das grüne Dickicht unterbrechen, wechsle ich nach sechseinhalb Stunden den Bus. Ich verabschiede mich von vierzig Küken, mehr oder weniger gesundheitsbewussten Mitfahrern und von Carlos, dem ich nicht ohne Grund meine Hand verweigere und steige in einer anderen Welt aus.

Die Natur ist üppig, der Wetterwechsel überfordernd. Die Schwüle liegt so schwer in der Luft, als drücke sie alles, was sich unter ihr bewegt und wächst, in den Boden. Schnell verkrieche ich mich im nächsten Kleinbus, der für umgerechnet zwei Euro nach Santa Teresa fährt. Jene *Collectivos* fahren nicht nach einem geregelten Fahrplan, sondern immer, wenn genügend Fahrgäste eingetroffen sind. In der Abgeschiedenheit des peruanischen Bergurwaldes habe ich mich schon auf längeres Warten eingestellt, aber der Bus füllt sich schneller, als ich dachte und seine Kapazitäten es vorsehen. Jeder stapelt seine Einkäufe und Ernten auf dem Dach und quetscht sich schließlich selbst auf die durchgesessenen Plätze, die eigentlich keinen Platz mehr bereithalten. Doch einen vollen Bus gibt es in Peru nicht – das habe ich ja schon in Lima gelernt.

Schließlich findet auch der Fahrer, dass unser Bus ausreichend beladen ist und zündet den Motor. Wir holpern los und als es bereits nach wenigen Metern Popcorn aus den Einkäufen vom Dach regnet, sind sich alle einig, dass die Säcke einen Platz zwischen unseren Beinen verdient haben. Sie werden direkt vor mir positioniert und nehmen mir *die* Beinfreiheit, die ich an diesem Tag ohnehin nie hatte. Schweigend bekomme ich Platzangst und Lust auf Popcorn.

Der erdige Untergrund der schmalen Fahrspur bewegt uns von links nach rechts und von oben nach unten. Es schaukelt und wackelt, quietscht und hupt, rast und bremst – und es riecht nach Popcorn. Mit dem Kopf pralle ich gegen die Decke, mit dem Steißbein lande ich auf dem harten Sitz. Alles tut weh, nur der Blick aus dem Fenster tut gut. Er ist paradiesisch, *obwohl*, oder vielleicht gerade *weil* das Ende meines Lebens mal wieder nur eine Sekunde der Unaufmerksamkeit des Fahrers entfernt ist. Gefühlt war ich dem Tod noch nie so oft so nahe wie in den letzten Monaten. *Oder ist der Tod einem Menschen immer gleich nahe?* Vielleicht!? Auf jeden Fall lauert der Abgrund erneut unmittelbar neben der Fahrbahn, sodass ich gedanklich abermals Abschiedsbriefe schreibe, die sich mit jeder weiteren Fahrt in den Anden flüssiger lesen lassen. Ich werfe sie aus dem offenen Fenster in den roten Sand und denke, dass ich bis hierher ein ziemlich gutes Leben gehabt habe. Nur Machu Picchu würde ich noch gerne sehen – jetzt, wo ich schon mittendrin bin, in dieser faszinierenden Landschaft unendlichen Grüns, nebelverhüllter Andengipfel und tiefer Täler, in denen sich irgendwo die mysteriöse *Stadt der Inka* versteckt.

Als sich der Tag dem Ende zuneigt und sich die tiefrote Abendsonne in den schlammigen Pfützen spiegelt, erreichen wir nach zwei Stunden den kleinen Ort Santa Teresa.

Auf der Suche nach einem Hostel, streife ich durch die wenigen Straßen und treffe ein französisches Paar, das auf der gleichen ausgefallenen Route nach Machu Picchu unterwegs ist, wie ich es bin. In einem einfachen Restaurant essen wir gemeinsam zu Abend. Wir sind die einzigen Gäste und uns schnell einig, dass dieser Tag ein Abenteuer war, weil der Weg ein Abenteuer war. Denn während die meisten Besucher von Machu Picchu früh morgens mit der Bahn anreisen und am selben Abend zurück nach Cusco fahren, oder eine Vier-Tages-Tour auf mittlerweile recht überfüllten und touristisch angehauchten Inka-Trails buchen, ist dieser Weg eine relativ unbekannte Alternative. Sie ist zeitintensiv und unbequem, aber kostengünstig und versprüht abseits der Touristenströme das, was Machu Picchu ausmacht: Die Abgeschiedenheit in einer abgeschiedenen Welt.

Der Weg ist das Ziel

Es ist früher, als mein Wecker mich wecken sollte, aber der Dschungel und ich sind schon hellwach. Spinnen, Ameisen und andere Kleintiere tippeln flink auf der Zimmerdecke und so gibt die Geräuschkulisse Aufschluss, wo ich mich befinde, noch bevor ich mir diese Frage stellen kann: Mitten in der *Selva*, mitten im schnellen Rhythmus des Dschungels. Weil die schwüle Hitze verhindert, dass ich noch einmal einschlafe, beginne ich den Tag eher als geplant. Ich packe meinen kleinen Rucksack und frühstücke im *Mercado* des kleinen Ortes, wo mich die nette Frau des Marktstandes darauf hinweist, dass ich mich beeilen muss, wenn ich mit den Arbeitern bis zum Wasserkraftwerk *Hidroeléctrica* fahren möchte. Doch ich wähle den fast doppelt so langen Fußweg durch die Schlucht, die der Río Urubamba in diese einzigartige Landschaft gräbt und starte die vierundzwanzig Kilometer lange Wanderung ganz ohne Eile.

Kleine Lehmhäuschen sowie einige Bananenstauden und Kaffeepflanzen begrenzen die sandige Straße, die schließlich über eine hölzerne Brücke führt. Ohne Ortsschild endet hier Santa Teresa und auf der anderen Seite des Flusses gibt es nur noch Natur. Lianen und Schlingengewächse bedecken die steil abfallenden Hänge der märchenhaften Schlucht, Wasserfälle stürzen in die Tiefe und füttern den Río Urubamba und die Wolken kleben an den grünen Gipfeln fest. Es ist, als erwecke die Morgensonne diese Gegend das erste Mal zum Leben – die Schöpfung erscheint so herrlich unverbraucht.

Kopfvergessen. Auf einer recht einsamen Strecke wandere ich nach Aguas Calientes, dem einzigen Ort am Fuße von Machu Picchu, der dort vielmehr rastlos logiert, als ruht. Die Mystik der Inka-Stadt ist lange schon spürbar, ehe die Ruinen sich auf den Gipfeln der Anden abzeichnen und so bin ich schon nach wenigen Kilometern ganz woanders. Unvermittelt lässt der mich allseits umringende Urwald die Vorstellung einer anderen Welt nicht mehr zu. Ich bin im Herzen der Natur, die so wunderschön schweigt. Mit dem wenigen Materiellen, das ich auf meinen Schultern trage und der steten Geschwindigkeit meiner Beine, werde ich auf einfache Weise einfach und langsam. Der Überfluss ist leicht abgeworfen und die Schnelligkeit schnell ausgebremst. Wo es nicht viele Möglichkeiten gibt, nehmen die Gedanken keine Fahrt, aber die Sinne ihre Arbeit auf. Begleitet von den Lauten der Fauna und dem steten Geräusch meiner Schritte, wandere ich gedankenlos und schon bald in eine Meditation hinein.

Schritt
für
Schritt,
bin ich das Gehen.
Und glücklich!

Erst wenn der Verstand vollends ruht, entfalten die Sinne ihre wahre Kraft. Er nimmt dann zwar noch wahr, aber er betrachtet schweigend. Er gibt endlich keine Kommentare mehr ab. Bewertet nicht, *ver*urteilt nicht, *vor*urteilt nicht und treibt meine Gedanken nicht immer schon weiter.

Wenn die Sinne die Welt erklären, legt der Kopf alles ab, was das moderne Leben auferlegt und unentwegt in ihm hegt: Den ewigen Zeitplan der Gedanken, die tickende Uhr in den Beinen, die virtuelle Welt in den Händen und das vermeintlich unentbehrliche Wissen im Kopf. Das ständige Getriebenwerden und Steigern findet hier keine Verwendung. Der Kopf sieht endlich ein, dass all das nutzlos ist.

Ohne Zahlen, Maße, Ränge und Einheiten – entsteht Einheit.

Ohne Regeln und Normen, ohne Pflichten und alltägliche Fesseln, ohne *müsste, sollte, hätte, würde* – BIN ich einfach. Endlich die, die ich sein darf und nicht mehr die, die ich so häufig sein muss oder sein soll. Natürlich ist das Leben kein Kinderspiel, aber hier ist es zumindest ein Spiel. Der Ernst, seine Herausforderungen und Anstrengungen lösen sich in dieser reinen Luft auf. Das Gehen in dieser Gegend ist wie eine Pause, wie ein tiefer Atemzug. Es ist ein Sich-Sammeln.

Von den gesellschaftlichen Zwängen befreit, sprengt die Gegenwart die gesellschaftliche Schablone meines Körpers:

Ich bin frei!
Und Freiheit ist jegliche Grenzen los.

Eins mit der Umgebung,
bin ich von Verbundenheit erfüllt,
als sei ich schon einmal hier gewesen.

Nicht an diesem Ort, sondern in diesem Zustand.

Dieser Zustand fühlt sich so vertraut und nach des Menschen Heimat an. Doch sind wir vor langer Zeit aus ihm ausgezogen und haben uns den modernen, weltlichen Stoff angezogen. Der weltliche Stoff ist alles, was vom Wesentlichen ablenkt: Der Schmutz der überflüssigen Materie, die Gier nach immer mehr Geld, das Unvermögen die Möglichkeiten zu kontrollieren. Der weltliche Stoff ist alles, was sich uns tagtäglich auferlegt und unser Inneres abdichtet, wie ein undichtes Loch, das es zu Stopfen gilt.

Hier darf die leise Seele endlich laut sein und der ganze große Rest hält mal die Luft an. Hier atmet etwas Göttliches, das mich belebt und beseelt.

Erst gegen Mittag kommen mir vereinzelte Wanderer entgegen. In den Augen aller ruht ein Leuchten, als hätte Machu Picchu ein Stück seiner Magie verschenkt. Von diesem Ort geht eine unermessliche Anziehung aus. Wie ein Magnet zieht die *Stadt in den Wolken* auch mich zielsicher zu sich. Selten war Energie für mich so spürbar wie an diesem Tag!

Machu Picchu und mein nicht gebuchter Guide. Auf der Hälfte der Strecke erreiche ich das Wasserkraftwerk *Hidroeléctrica.* Von hier an folgt der noch zwölf Kilometer lange Wanderpfad bis nach Aguas Calientes den Eisenbahnschienen, die stets an den Río Urubamba schmiegen. Da Machu Picchu in einem schwer zugänglichen Gebiet liegt, führen noch immer keine Straßen zu der verschollenen Stadt. Sie ist einzig *per pedes* oder mit jener Bahnlinie über die Strecke von Cusco nach Aguas Calientes erreichbar.

Der morgendliche Nebel, der sich in der Schlucht sammelte und um die Berggipfel klammerte, ist längst der Hitze gewichen, als mich nach etwa vier Stunden der gesprächige Alfonso, ich dürfe ihn *Alfi* nennen – was ich nicht tue – einholt. Auch er strahlt diese Zufriedenheit aus, die den gesamten Weg und jeden Wanderer beseelt.

Wir kommen ins Gespräch.

Er ist Touristenführer, erzählt er, aber nicht so entkräftet wie die beiden Franzosen, die ihn für den mehrtägigen Treck nach Machu Picchu buchten. Weil die beiden mit geschundenen Körpern an einer Haltestelle auf den Zug warten, der sie anstelle der eigenen Füße das letzte Stück zur Ruinenstätte bringen wird, profitieren heute nicht sie, sondern ich von Alfonsos Einblicken in ein Geheimnis. Denn obwohl er den Weg schon unzählige Male zurücklegte und die Situation es heute nicht verlangt, bestreitet er ihn auch an diesem Tag. Und obwohl er seine Worte schon unzählige Male verkündete und die Situation es heute nicht verlangt, erzählt er sie auch an diesem Tag. Ungefragt und euphorisch sprudelt er von seiner Leidenschaft und jedes Detail, das er mit strahlenden Augen über Machu Picchu erwähnt, entfacht auch meine Vorfreude aufs Neue.

Wie sehr sich die Worte eines Reiseführers von denen eines Indios unterscheiden, bemerke ich in diesem Moment: Der Reiseführer liefert Fakten, Alfonso öffnet einen Türspalt in die Vergangenheit:

»Es ist das Jahr 1911. Der US-amerikanische Archäologe Hiram Bingham reist zu Expeditionszwecken zum wiederholten Male nach Peru. Er weiß um eine verschollene Stadt inmitten des Dschungels, deren tatsächliche Existenz ihm jedoch niemand bestätigen konnte. Nun will er eigenhändig die Ruinen von Vilcabamba ausfindig machen – jene letzte Inka-Festung, die einst den Spaniern zum Opfer gefallen war«, erzählt Alfonso. »Von einem Einheimischen geführt, wandert er auf den zugewachsenen Pfaden die steilen Berghänge hinauf, wo er zunächst einigen Bauern begegnet, die die im 15. Jahrhundert von den Inka errichteten Terrassenfelder bewirtschaften. Auf dem Gipfel entdeckt er schließlich überwucherte Häuser, Treppen und Tempel. Die verlassene Ruinenstätte war wiedergeboren!«, schreit er aufgeregt in die stille Welt.

Sie wurde in *Quechua*, der alten Inka-Sprache, auf den Namen *Machu Picchu*, *alter Gipfel*, getauft.

»In den folgenden Jahren legte Bingham den *alten Gipfel* frei und erweckte die vergessene Stadt allmählich aus ihrem drei Jahrhunderte andauernden Schlaf. Er vermaß, katalogisierte und verschiffte die Funde schließlich in die Universität von Yale in die Vereinigten Staaten«. Dann wird Alfonsos Stimme leiser und nimmt einen traurigen Klang an, fast, als handle es sich um sein persönliches Schicksal: »Peru fordert diese Schätze noch immer vergebens zurück. Bis heute ist in keinem peruanischen Museum ein Gegenstand von Machu Picchu ausgestellt«.

1956 starb der Archäologe in dem Glauben, die letzte Inka-Festung, das vermeintliche Vilcabamba, *entdeckt* zu haben. Wütend betont Alfonso immer wieder, dass es nicht Bingham war, der Machu Picchu entdeckte: »Der Berg war den Personen des Urubamba-Tals zu jeder Zeit bekannt – Bingham war lediglich derjenige, der die Kunde in den Westen trug«, trichtert er mir ein, als sei sein größtes Anliegen, dass seine Schülerin diese Tatsache versteht und wahrheitsgemäß mit nach Hause nimmt.

Einhundert Jahre später zählt Machu Picchu zum UNESCO-Weltkulturerbe, gilt als eine der größten Touristenattraktionen Südamerikas und zieht jährlich mehr als 500.000 Touristen in seinen Bann. Man vermutet, dass sich das wirkliche Vilcabamba etwa fünfunddreißig Kilometer nordwestlich von Machu Picchu befindet, doch das scheint niemanden zu interessieren.

Allem Ruhm und aller Aufruhr ungeachtet, trotzt Machu Picchu der Wissenschaft, die sonst doch alles zu wissen schafft: »Noch immer ist das Geheimnis um die *verlorene Stadt der Inka* nicht gelüftet«, fährt Alfonso routiniert fort, als leite er eine große Anzahl von Touristen zu jener mystischen Stätte – dabei höre nur ich ihm begeistert zu.

»Es gibt weder Überlieferungen noch wissenschaftliche Aufzeichnungen – niemand weiß genau, welchen Zweck Machu Picchu einmal erfüllte: Eine Winterresidenz des Inka-Herrschers? Eine strategische Festung? Ein Zufluchtsort der letzten Inka? Ein astronomisches Kultzentrum? Oder, da Bingham deutlich mehr weibliche, als männliche Skelette fand, ein Haus der auserwählten Frauen? Niemand weiß es!«, sagt er mit einem Hauch von Nostalgie, dem er eine Prise Enttäuschung beimischt. »Mehrheitlich vermutet man, dass Machu Picchu ein Landsitz der Inka war, auf dem etwa sechshundert Menschen lebten, die den Ort für eine mögliche Ankunft des *Sapa-Inka*, des *Inka-Herrschers* bereithielten. War dieser anwesend, konnten bis zu zweitausend Personen dort leben. Doch das ist nur eine Vermutung«.

In einem Punkt stimmen Astronomen, Geologen und Historiker jedoch überein: Machu Picchu muss heilig gewesen sein.

Mir ist es eigentlich egal, was Machu Picchu war und für welchen Zweck dieser Ort errichtet wurde. Im Gegenteil: Dass in der heutigen Zeit eine solche Unwissenheit bestehen kann, begeistert mich. In

Verbindung mit der unzugänglichen Lage, ist es wahrscheinlich genau diese Unkenntnis, die das Geheimnisvolle und Mystische begründet. Insgeheim hoffe ich, dass die *Stadt in den Wolken* für immer ein bisschen das Geheimnis der Vergangenheit bleiben darf.

Sicher ist, dass die Inka die Stadt in der Mitte des 15. Jahrhunderts, zur Blütezeit ihrer Kultur, errichteten und den Ort nur hundert Jahre später wieder verließen, obwohl die spanischen Eroberer die Kultstätte nicht entdeckten. So gibt auch ihr Untergang Rätsel auf. Doch vermutlich war mit dem Zusammenbruch des Inka-Reiches auch der Untergang von Machu Picchu unabwendbar.

Für einen Moment folgen wir schweigend dem Weg der Schienen und hängen unseren eigenen Gedanken nach. Über dem Fluss tanzen Mückenschwärme in der Sonne. Wir bleiben stehen, betrachten die Gegenwart, aber unsere Köpfe verweilen irgendwo in der Vergangenheit. Mit meinem Blick klettere ich immer wieder die Berghänge hinauf und kann nur an wenigen Stellen erkennen, wovon Alfonsos Worte berichten.

Die Stille in dieser Welt ist nicht von dieser Welt. Die steilen Bergwände halten sie zwischen sich gefangen, als wissen sie um ihre Kostbarkeit. Die Reise nach Machu Picchu hat sich für mich schon jetzt gelohnt, weil ich ein bisschen von seinem Zauber schon längst erfahre. Der Weg ist das Ziel.

Mit den Worten »du musst dir morgen auf jeden Fall den *Intihuatana* anschauen«, bricht Alfonso das Schweigen, als hätte es für sein Empfinden ohnehin zu lange gewaltet. »*Intihuatana* ist ein Wort aus der Quechua-Sprache und bedeutet *Sonne binden* oder etwas freier übersetzt: *Ort, an dem die Sonne angebunden wird.* Dieser Stein ähnelt einer Sonnenuhr und der Schatten seines Granitzapfens gab Aufschluss über die Tageszeit, die Planetenbahnen und die Sternbilder. Mit seiner Hilfe konnten die Inka die Sommer- und Wintersonnenwende und die Tag-und-Nacht-Gleiche auf den Tag genau bestimmen. Außerdem lieferte er der landwirtschaftlich geprägten Kultur entscheidende Informationen für ihre Aussaat- und Erntezeitpunkte. Nach welchen astronomischen Methoden sie die Vorhersagen treffen konnten, ist aber niemandem bekannt«.

Feststeht, dass die Zeit bis zur Wintersonnenwende Ungewissheit für die Inka bedeutete. Die kürzer werdenden Tage sowie die niedriger stehende Sonne, entfachten die Angst, dass sie eines Tages für immer verschwinden könne. Durch das Abhalten von Zeremonien versuchten die Inka daher, die Sonne an den sakralen *Intihuatana* zu binden und sie davon zu überzeugen, den Himmel wieder höher zu wandern. »Jede Inka-Stätte soll über einen derartigen sakralen Kalenderstein verfügt haben, aber die meisten wurden von den Spaniern im 16. Jahrhundert zerstört. Nur Machu Picchu, die nahezu unerreichbare Festung inmitten des wilden Urubamba-Tals, blieb von der Zerstörungswut der goldhungrigen Spanier verschont«, berichtet Alfonso.

Er erzählt, als würde er seinen Gedanken bloß einen Klang verleihen und hätte vergessen, dass ich an seiner Seite und in seinen Gedanken spazieren gehe. Dann schweigt er und die Stille seines Mundes entfernt augenblicklich die Bilder der Vergangenheit aus der sichtbaren Welt. Scheinbar hat er auch heute keine Lösung auf die noch offenen Fragen gefunden.

Wir gehen weiter, wandern durch dunkle Tunnel und unter dem dichten Grün des Hochland-Regenwaldes einmal um Machu Picchu herum. Es ist ein geheimnisvoller und ein trügerischer Berg: Von unten einer wie jeder, oben absolut einzigartig. Dann taucht unverhofft der Ort Aguas Calientes auf. Zwei Stunden waren wir derart im Gespräch versunken, dass wir das tropisch heiße Klima nicht bemerkten.

Das Dorf am Fuße von Machu Picchu besteht ausschließlich aus Unterkünften und Restaurants und versorgt als artifizieller Fremdkörper inmitten der Natur die Touristenmassen mit verhältnismäßig wenig, doch immer noch viel zu viel Luxus. Mit seiner bloßen Anwesenheit kann er der Magie dieser Gegend nicht gerecht werden. Für maximal zwei Nächte bettet er die Touristen, die sich wie Staubpartikel kurz niederlegen, ehe die Luft sie schon früh am Morgen weiterträgt – hoch auf den *alten Gipfel* oder zurück nach Cusco – auf welchem Weg auch immer...

Ich verabschiede mich von Alfonso, bedanke mich für seine unterhaltsame Begleitung und entscheide spontan, die Nacht im ersten Hostel am Ortseingang zu verbringen. Suchen und Vergleichen passt heute nicht – heute passt, was ist!

Die Inka

»Vom Aufgang der Sonne, bis zu ihrem Niedergang.«
Auszug aus dem Psalm 113

Ihre Zeit: Die Inka zogen um das Jahr 1200 als kleine Gruppe in das Urubamba-Tal und gründeten dort ihr Reich unter dem ersten Herrscher Manco Cápac. Im dreizehnten und vierzehnten Jahrhundert waren sie die dortige Regionalmacht. Die Blütezeit erlebte diese Kultur ab dem Jahr 1438, die unter Huayna Cápac um 1525 ihren Höhepunkt erreichte. Die Kultur der Inka war die bedeutendste Hochkultur Südamerikas.

Ihr Reich: Der Andenstaat war das mächtigste Reich Altamerikas. Es erstreckte sich über 4500 Kilometer von der Südgrenze des heutigen Kolumbiens bis nach Zentralchile. Die Inka nannten ihr Land *Tahuantinsuyu*, das *Land der vier Teile*.

Cusco war der Mittelpunkt und bedeutet auf Quechua *Nabel der Welt*. Sie galt als heilige Stadt im *heiligen Tal*. Von hier wurde das gigantische Imperium verwaltet und regiert. Etwa zweihunderttausend Menschen lebten in Cusco, wo sich auch die Schnittpunkte der Straßen trafen, die aus den vier Reichsteilen auf die *Plaza de Armas* zuliefen.

Die Expansion des Reiches sowie das Unterwerfen anderer Völker, wie beispielsweise der Chimú, Chanka oder Nazca, erfolgte zunächst im gewaltfreien Versuch, Macht gegen Privilegien einzutauschen. Frei übersetzt bedeutete das: Hochzeit oder Massaker. Bei Widerstand setzen die Inka jedoch brutale Gewalt ein.

Im Rahmen von Kriegszügen zerstörten sie das Dasein anderer Kulturen und hinterließen ihre fugenlosen Spuren aus Stein. Von den unterworfenen Völkern übernahmen sie die besten Erfindungen aus den Bereichen der Bewässerung, Kriegsführung, Landwirtschaft und Architektur.

Ihre Herrscher: Etwa zweihundert verschiedene ethnische Gruppen lebten unter einem Herrscher, dem *Sapa Inka*. Während der dreihundertjährigen Dynastie der Inka regierten vierzehn *Sapa-Inka*, die als Inkarnation der Sonne galten. Die Inka verehrten ihren Herrscher als Gott und trugen ihn auf einer Sänfte, sodass seine Füße nie den Boden berührten.

Der bedeutendste *Sapa-Inka* war Pachacútec, der das Reich in den Jahren von 1438 bis 1471 führte. Schon sein Name drückt aus, wozu er fähig sein sollte: *Einer, der die Welten verändert.* Unter ihm eroberten die Inka weite Teile der Anden und errichteten die Terrassenanlagen. Pachacútec war es auch, der den Bau von Machu Picchu initiierte.

Ihre Kommunikation: Die Kommunikation erfolgte auf einem vierzigtausend Kilometer umfassenden Straßennetz. Die *chasquis* waren *Botenläufer*, die Informationen von einer Etappe zur nächsten trugen. So schnell sie konnten, legten diese maximal dreißig Kilometer zurück, sodass die Inka die dreitausend Kilometer lange Strecke zwischen Cusco und Quito im heutigen Ecuador mit 375 Botenläufern in nur drei bis fünf Tagen überwinden konnten. Ihr Kommen kündigten sie dem nächsten Läufer mithilfe eines Schneckenhorns an.

Die Inka waren ein schriftloses Volk. Ihr Wissen überlieferten sie mündlich sowie mithilfe der *Quipus*. *Quipu* ist Quechua und bedeutet *Knoten*. An einer Hauptschnur befestigten sie mehrere andere Schnüre, in die sie Knoten knüpften, die je nach Farbe, Position, Abstand und Art der Schlaufe eine bestimmte Information codierten. Statistische Werte wie Ernteerträge, Lager- oder Tierbestände, Daten von Volkszählungen oder Geschichtliches konnten auf diese Weise im Dezimalsystem erfasst werden.

Aufgrund der Schriftlosigkeit der Inka sowie der wenigen Überlebenden und weil die Konquistadoren die meisten *Quipus* verbrannten, stellten die Eroberer die vorrangige Quelle aller Informationen um die undurchsichtige Kultur der Inka dar.

Neben den Informationen, beförderten die Inka Waren der unterschiedlichen Landeszonen auf ihren Straßen. Von der Küste kamen getrockneter Fisch, Baumwolle und Mais. Von Süden Gold und Silber. In den Anden bauten sie etliche Kartoffelsorten an und produzierten Alpaka-Wolle. Der Amazonas lieferte Heilkräuter,

Coca, Früchte sowie die Federn tropischer Vögel und der Norden Muscheln und Schneckenhörner.

Ihre Verwaltung: Von der restlichen Welt abgeschnitten, befand sich die Entwicklung der Inka in der Bronzezeit. Sie kannten weder Schrift noch Geld. Weder das Rad, noch Reittiere. Sie bauten nicht an Flüssen, sondern hoch oben in den Bergen. Ihre einheitliche Verwaltung, Architektur, das Bewässerungssystem sowie die fruchtbaren Terrassen hingegen, waren fortschrittlich. Bei ihnen gab es weder Hunger noch Armut.

Ihre unzähligen Wege führten durch Tunnel, über Hängebrücken und behauene Stufen. Tausende Menschen mussten dafür auf den Baustellen schuften. Es war ein staatlich geregelter Dienst. Steuern entrichteten die Inka in Form von Arbeitsleistung im Straßenbau, Kriegsdienst oder in der Landwirtschaft.

Da weder Geld, noch Handel existierten, erfolgte die Zuteilung der Ressourcen durch Beamte in Abhängigkeit der jeweiligen Personenzahl und ihrer Arbeitsleistung. Die optimale Nutzung der Ressourcen war oberstes Prinzip.

Ihre Religion: Die Inka verehrten mehrere Götter. *Viracocha* war der Schöpfergott, *Pachamama* die Erdgöttin. Ihr Hauptgott war *Inti*, der Sonnengott. Der Sonnenkult war Staatsreligion. Gold und Silber galten als Tränen von Sonne und Mond.

Die Grundprinzipien ihrer Religion, die sich durch einen holistischen Ansatz sowie durch Liebe und Toleranz zu allen Lebewesen auszeichnete, waren die Beseeltheit der Natur sowie die Opferreligion. Für die Inka war alles lebendig – jeder Stein und jede Pflanze. Immer wenn sie etwas nahmen, gaben sie etwas zurück. Sie glaubten, dass ihnen auch die Götter etwas zurückgaben, wenn sie ein Opfer brachten. Es war eine Wechselbeziehung.

An Orten, an denen die Inka besonders viel genommen hatten, gaben sie besonders viel zurück. Um den Göttern zu danken, erbrachten sie neben Tieropfern auch Menschenopfer. Die meist zehnjährigen Kinder wurden dafür ein Jahr lang vorbereitet und vor der Opferung mit Coca-Blättern und Alkohol betäubt.

Ihr Ende: Nachdem Francisco Pizarro das Inka-Reich im Jahr 1532 entdeckt hatte, folgten die Ausbeutung sowie die Auslöschung der Kultur. Christliche Missionare brachten die katholische Religion und neue Ansichten: Der Herrscher war nicht mehr göttlich, die Sonne nur noch ein Stern und die Gabe der Natur blieb ohne Gegengabe – Ausbeutung war der neue Grundsatz.

Die Kirche verbot die heidnischen Bräuche und zerstörte die Tempel und Götterfiguren der Inka, während sie ihre eigenen Gotteshäuser auf deren Grundmauern setzten. Da der Glaube der Inka in starken Zusammenhang mit der Natur steht, konnte er jedoch nicht völlig ausgelöscht werden. Noch heute praktiziert ein Teil der Bevölkerung den Glauben der Inka: Die Menschen verehren und respektieren *Pachamama*, die *Mutter Erde*. Ihre Berge, Flüsse, Seen und Schneegipfel stellen heilige Kraftorte dar und die *Gabe und Gegengabe* ist noch immer ein andines Grundprinzip.

Von den zehn Millionen Einwohnern des Inka-Staates waren neun Millionen nach kurzer Zeit umgekommen. Gründe für den Untergang gibt es viele: Eingeschleppte Krankheiten, der Überraschungsmoment der spanischen Angreifer, die Annahme, die fremden Weißen seien Götter, deren Skrupellosigkeit und militärische Überlegenheit trotz Unterzahl, der Streit um die Thronfolge zwischen den Brüdern Atahualpa und Huáscar nach dem Pockentod des Herrschers Huayna Cápac, die fehlende Initiative der Inka, die unzähligen Schlachten.

Als Pizarro Atahualpa im Sommer 1533 hinrichten ließ, folgte nur wenig Widerstand. Mit dem Tod des letzten *Sapa-Inka* Túpac Amaru I. im Jahr 1572 – er wurde auf der *Plaza de Armas* in Cusco vor mehreren tausend Inka enthauptet – war das Ende der Hochkultur besiegelt.

Die spanische Krone übertrug den Eroberern die Ländereien sowie die darauf lebenden indigenen Menschen. Sie führten die Zwangsarbeit für Indigene ein, die im *Gegenzug* die christliche Missionierung erhielten. Jenes System der *ecomiendas* war der Beginn der Sklaverei und die grausame Fortsetzung der Ausbeutung.

13. Mai 2010

Geheimnisvoll und weltentrückt: Machu Picchu

»Damals bin ich die Treppe der Erde emporgestiegen zwischen grausem Gestrüpp verlorener Wälder bis zu Dir, Machu Picchu.

Hohe Stadt aus stufigem Gestein, endlich Wohnstatt dem, der das Irdische nicht verbarg in schlafbefallenen Gewändern. In dir wiegte sich wie zwei parallele Linien des Blitzes und des Menschen Wiege in einem Dornenwind. Mutter des Steins, Schaumkrone der Kondore. Der Menschheitsdämmerung hohes Riff.«

Pablo Neruda, Canto General

A**ufstieg.** Laute, aufgeweckte Gespräche dringen durch die dünnen Zimmerwände und wecken mich tief in der Nacht: Es ist 3.00 Uhr. Doch mitten im unermesslichen Urwald ist ein kleiner Ort bereits hellwach. Vor Aufregung kann auch ich nicht wieder einschlafen und lausche eine Stunde den verschiedensprachigen Konversationen der Unbekannten, ehe ich schließlich aus dem Bett krieche.

Weil ich allein bin, fragt mich ein bärtiger Spanier auf dem Flur, ob ich gemeinsam mit ihm und den beiden Chilenen, mit denen er ein Zimmer teilt, nach Machu Picchu aufsteigen möchte und nur wenig später verlassen wir zu viert unsere Unterkunft.

Wir schleichen durch die dunklen Straßen, in denen andere Touristen durch das Leuchten der Taschenlampen ihre Anwesenheit verraten. Sandiger Boden unter unseren Füßen, die Milchstraße über unseren Köpfen. Sie galt bei den Inka als Spiegelbild des *heiligen Tals*, durch das der Río Urubamba fließt. Sein kraftvolles Rauschen zieht uns zu sich und erfüllt jeden Winkel der gegenwärtigen Welt, als wir den Fluss überqueren. Auf der anderen Seite ist die Nacht wieder still. Aguas Calientes, die Servicestadt von Machu Picchu, liegt hinter uns und nur wenige Schritte später, glaube ich nicht mehr an ihre Existenz.

Schwarze Nacht. Die Luft ist frisch und klar und der Himmel von einem gigantischen Sternenmeer überflutet. Im zarten Licht des Mondes tauchen allseits die markanten Silhouetten der steilen

Berghänge auf, die von vereinzelten Schweifwolken berührt, kraftvoll im unbewohnten Nichts schweigen.

Welch magische Welt...

Wir tauchen in den finsteren Wald ein und bewältigen den fast vertikalen Aufstieg über die unebenen, steinernen Treppenstufen, die die Inka einst errichteten. Der runde Schein der Taschenlampe erleuchtet den schmalen Pfad, den wir im dunklen Gestrüpp nicht finden würden. Das Holz knackt unter unseren Füßen, während das Rauschen des Urubambas mit jeder weiteren Stufe verstummt und wir nur wenige Worte wechseln. Alles andere wäre zu laut in jener unermesslichen Stille und weil der Atem auf 2300 Höhenmetern immer heftiger nach Sauerstoff lechzt, ohnehin ein Wort zu viel. Jeder für sich resorbiert, was der Augenblick bietet. Mehr als etwas Sichtbares, ist es ein Gefühl.

Wir schreiten weiter, immer höher, immer steiler den Berg hinauf. Allmählich erkennen die Augen die unregelmäßig gesetzten Steine, sodass der Körper, der an diesem Morgen keine Müdigkeit kennt, schneller einen Fuß vor den anderen setzt. Nach eineinhalb Stunden ist der Berg bezwungen. Als sich die Profile der ersten Inka-Gebäude vor dem mittlerweile farbenfrohen Himmel abzeichnen, fühle ich mich für einen kurzen Augenblick wie Hiram Bingham – dann sehe ich die Menschenmasse vor dem Eingangstor.

Vermutlich wollte jeder möglichst früh hier sein, um möglichst allein zu sein – früh sind wir alle, nur allein ist keiner.

Die Stille und der Zauber von Machu Picchu. Um sechs Uhr öffnet Machu Picchu seine Pforten und die Menschen verströmen sich in der alten Ruine, wie die Wassertropfen im Urubamba – sie alle sind da, aber sie alle gehen unter. Sie fügen sich dem großen Fluss und so ist es, als hätte ein jeder die alte Inka-Stätte in diesem Augenblick doch ganz für sich allein.

Ich bin überwältigt und begeistert, ergriffen und überrascht: Obwohl ich *das* sehe, was jede Fotoaufnahme von Machu Picchu ziert, fällt mein Blick doch auf ein anderes Motiv. Was ich sehe, wird nicht durch das bestimmt, was ich sehe, sondern durch das Gefühl, welches das Gesehene in mir hervorruft.

Grenzenlose Energie ist spürbar. Sie platzt förmlich aus etwas heraus, so als hätte jemand einen Luftballon aufgestochen. Etwas Göttliches liegt in der Luft. Niemand kann erklären, warum die Inka diesen Ort für den Bau von Machu Picchu wählten – dieses Gefühl reicht, um zu verstehen!

Die Kunst der Vergangenheit, ist die Ästhetik der Gegenwart. Die unbewegten Bilder überschlagen sich, da mein Blick auf den Mauern und Terrassen, Bergen und Schluchten wild umherspringt, aus Angst, jemand könne den Zauber im nächsten Augenblick wieder auslöschen. In der Hoffnung, ein Foto könne diesen Moment einfangen, versuche ich die Gegenwart abzulichten. Doch bereits der Blick auf das Display zeigt, dass kein Abbild die Realität darlegen kann: Die Farben zu schwach, der Winkel zu klein, die Stille zu leise, die Distanz des Betrachters zu groß. Das entstehende Gefühl – viel zu kraftlos!

Es ist der Versuch, den gesamten Ort und alles, was ihn unsichtbar umgibt, in meine kleine Kamera zu quetschen. Es ist ein vergeblicher Versuch. Deshalb reihe ich mich nur kurz in die Akustik der auslösenden Fotoapparate ein, die alle dieselbe Sprache sprechen, wenngleich ihre Besitzer von den unterschiedlichsten Flecken der Erde angereist sind und verstaue meine Kamera im Rucksack. Alles andere wäre Kritik an der Realität, Verrat meiner Empfindungen und würde die Anmut der Schöpfung ohnehin verkennen. Denn jedes Foto zeigt nur eine verzerrte Wirklichkeit:

Es ist ein Abbild ohne Bild,
ein Antlitz ohne Gesicht,
ein Wesen ohne Seele,
ein Dasein ohne da Sein.
Eine Fotografie von Machu Picchu ist wie Tanzen ohne Musik.
Wer das versteht, versteht Machu Picchu!

Menschen dokumentieren ihre Videoaufnahme, Vogelzwitschern, Unterhaltungen auf Spanisch, Französisch, Hebräisch, Deutsch und Japanisch. Flussrauschen und Flussrauschen, das hinter hohen Felswänden verstummt. Die Geräusche werden von einer mächtigen Stille umhüllt und schließlich verschluckt, als verschließe diese sie in einem Vakuum der Töne. Die Welt schweigt in einem so reinen, überwältigenden Klang, für den selbst das geschriebene Wort zu laut scheint. Es ist eine Stille, die eine Legasthenie für Töne hat. Sie löscht alle Assoziationen für Laute aus dem Gedächtnis und schenkt die friedvollste Stille, die ich je vernommen habe.

Die Ursprünglichkeit der Natur und die Präsenz einer untergegangenen Kultur prallen radikal auf die globalisierte Welt und ihre moderne Technik. Ich taumle zwischen der Stille und den Geräuschen, zwischen der Vergangenheit und der Gegenwart und zwischen dem Selbst und der Umgebung, bis die Sonne aufgeht.

Sonnenkult. *Inka* bedeutet *Sohn der Sonne.* Am Anfang der Inka stand der Sonnengott *Inti.* Er hat das Volk erschaffen, war die Achse ihrer Welt und galt als universale Lebenskraft.

An diesem Morgen klettert *Inti* später als wir die steilen Felsen hinauf und erleuchtet zunächst die in der Ferne gelegenen, schneebedeckten Eisriesen der Cordillera Vilcabamba, die die Szenerie säumen, wie ein Rahmen das Bild. *Machu Picchu*, der *alte Gipfel* ruht im Schatten – der Hauptdarsteller betritt die Bühne zuletzt.

Die Sonnenstrahlen sind lebendige Wesen, die einen Tanz aufführen.
Sie hypnotisieren.
Es ist ein Liebesspiel zwischen *Machu Picchu* und *Inti.*
Eine Metapher der Sinnlichkeit.
Poesie pur,
die alles mit leidenschaftlicher Harmonie erfüllt.
Alles und jeder ist still und betrachtet das Spiel der aufgehenden Sonne.
Schließlich hat sie es geschafft:
Der Scheinwerfer ist auf Machu Picchu gerichtet.
Die Menschen applaudieren,
ich schließe meine Augen.
Es ist Tag.

Huayna Picchu. Zusammen mit dem spanischen Künstler, der in Valencia Skulpturen entwirft und dem Chilenen, der seinem Sohn das Highlight des südamerikanischen Kontinents zeigen möchte, wandere ich noch ein Stück höher: Den *Huayna Picchu*, den *jungen Gipfel* hinauf.

Inmitten dieser schroffen Berglandschaft versteckt sich Machu Picchu

Die Stadtanlage von Machu Picchu mit dem Huayna Picchu im Hintergrund

Der Huayna Picchu thront dreihundert Meter über der Stadtanlage und ziert meist nur den Hintergrund des populären Postkartenmotivs. Beim *Tempel des heiligen Felsen* müssen sich alle Besucher registrieren, denn aufgrund der ungesicherten Pfade kehrt nicht jeder zurück. Die Besucherzahl ist zudem auf vierhundert beschränkt.

Schon nach wenigen Metern werden die in den Felsen gehauenen Stufen enger, unebener und höher. Manche sind nur einen Fuß breit, dafür einen halben Meter hoch, und die letzten dreißig Meter führen nahezu senkrecht in die Höhe. Dem Blick nach unten folgt eine heftige Adrenalinausschüttung: Ohne Brüstung fallen die Felswände, teilweise unmittelbar neben den Stufen, fast sechshundert Meter in die Tiefe. Doch den Weg zurück nach unten gibt es erst, wenn ich oben war. Die Aussicht auf jene Aussicht denkt gar nicht ans Umkehren. Unweit vom Gipfel entfernt, krabbeln wir durch einen schmalen Felstunnel, der die Besucher noch einmal selektiert – die Dicken müssen einen Umweg nehmen und weitere, herausfordernde Stufen bewältigen.

Oben angekommen, verzaubert ein atemraubender Ausblick: Machu Picchu zu unseren Füßen, grünbewaldete Berghänge so weit das Auge reicht, und in der Tiefe windet sich der Río Urubamba geräuschlos und bloß noch als feiner Strich erkennbar um den Felsen. Während sein tosendes Geräusch vor wenigen Stunden meine Welt erfüllte, scheint er nun schweigend und fast bewegungslos an den Grund gezeichnet.

Mit meinem Blick wandere ich den gestrigen Weg zurück und kann kaum glauben, dass die Inka-Stadt von nur wenigen Stellen des Tals auszumachen ist. Hier oben wird ihre einzigartige Lage noch deutlicher: Zu drei Seiten, in Richtung Norden, Westen und Osten, fallen die Steinwände unüberwindbar steil, fast senkrecht in die Tiefe. Die Inka konnten das gesamte umliegende Tal kontrollieren.

Auch wenn man nicht genau weiß, wofür Machu Picchu errichtet wurde, ist klar, dass man hier oben sicher war.

Auszeit. Hoch über dem Rest der Welt, sitze ich auf einem Felsvorsprung. Die anderen sind zugegen und doch in weiter Ferne. Ich bin in meiner eigenen Welt unterwegs und versuche schweigend – und durchs Schreiben – zu verstehen, was die Wirklichkeit offeriert. Es ist der Ort, der schreibt und das Schreiben selbst, das schreibt. *Ich* führe nur den Stift über das Papier.

Ich nehme mir eine Auszeit und schalte die Zeit aus. Als ich aus der Bleistiftkunst meines Blocks auftauche, weiß ich nicht, ob Minuten oder Stunden vergangen sind. Die Sonne weiß es: *Inti* wandert unentwegt den Himmel entlang und verrät, dass die Zeitlosigkeit bloß ein subjektiv empfundener Zustand ist – es ist Stunden später. Der Spanier und die beiden Chilenen sind längst gegangen.

Typisch südamerikanisch ist alles ganz unverbindlich und spontan. Spätestens, wenn Machu Picchu seine Tore schließt, wollen wir uns am Ausgang treffen.

Machu Picchu. Etwa vierhundert Meter über der Talsohle, auf einem schmalen Bergsattel zwischen den Gipfeln des Huayna Picchus und des namensgebenden Machu Picchus gelegen, ruht die beeindruckende Stadt auf 2360 Metern.

Machu Picchu gliedert sich in eine Ober- und in eine Unterstadt, die sich auf etwa eintausend Meter Länge und fünfhundert Meter Breite in vierzehn Sektoren gliedern. Zur Oberstadt zählen das Palastviertel, das königliche Mausoleum, der Sonnentempelturm mit seinen drei trapezförmigen Nischen, durch dessen mittleres Trapez zur Sommersonnenwende am 21. Juni der Strahl der Sonne in eine Wandvertiefung fällt. Ferner das Tempelviertel mit dem *Intihuatana* als höchsten Punkt. In der Unterstadt finden sich das Speicherviertel sowie die Wohnviertel für Intellektuelle, Handwerker, Landwirte und der Gefängnisbereich.

Ausschließlich auf Terrassen errichtet, konstruierten die Inka insgesamt mehr als zweihundert Gebäude, Paläste und Tempel. Die Anlage gilt jedoch nicht als vollendet. Trotzdem ist Stein in Stein alles verzahnt. Nichts fällt herunter.

Obwohl die Inka weder das Rad kannten noch über Zugtiere oder Eisenwerkzeug verfügten, schafften sie die enormen Granitblöcke aus den Steinbrüchen der Umgebung auf den Berg hinauf. Mithilfe von Tauen haben sie diese über weite Strecken gezogen. Millimetergenau bearbeitet, passen sie so perfekt ineinander, dass nicht einmal ein Haar dazwischen Platz fände. Die Architektur der Anlage spiegelt zudem die dreiteilige gesellschaftliche Struktur wider: Die Häuser, Tempel und Paläste der Adligen weisen eine viel höhere Präzision und Schönheit auf als die Wohnviertel der Gelehrten. Diese unterscheiden sich wiederum von den Häusern und Terrassen der Bauern, welche den landwirtschaftlichen Bereich darstellten.

Die Stadtviertel sind zwar voneinander getrennt, aber durch Treppen und den Fluss des Wassers miteinander verbunden. Das Wasser war bei den Inka ein heiliges Element. Sie konstruierten Kanäle, die das aus den Bergen geleitete Wasser dreier Quellen auf sechzehn Brunnen verteilten. Jenes ausgetüftelte Bewässerungssystem funktioniert noch heute.

Den Bedarf an landwirtschaftlichen Erzeugnissen sicherten die Inka mithilfe der Terrassenanlagen, die sie mit der fruchtbaren Erde des Urubamba-Tals füllten. Auf kleinstem Raum erzeugten sie Ackerland in der Größe mehrerer Fußballfelder.

Weltentrückt, geheimnisvoll und zu großen Teilen unbegreiflich, ist Machu Picchu ein Meisterwerk der Stadtplanung und Architektur – und aus jedem Winkel ein überwältigender Anblick.

Machu Picchu-Tourismus. Immer mehr Busse treffen ein, die die Tagestouristen über die asphaltierte Serpentinenstraße zum Eingangstor hinaufchauffieren. Sie fahren im Stundentakt und immer wenn in Aguas Calientes ein Zug eingetroffen ist. Täglich besuchen etwa zweitausend Personen Machu Picchu. In der Hauptsaison sind es noch mehr.

Die UNESCO gab den Anstoß, den Zugang zu limitieren, doch der Wirtschaftsfaktor scheint zu gewichtig: Zugfahrt, Unterkunft, Verpflegung, Eintritt, Souvenirs sowie An- und Abreise – da kommt einiges zusammen, was sich ein Schwellenland wie Peru nicht einfach nehmen lässt. Vielmehr wird, auch aufgrund der immer wiederkehrenden Erdrutsche und den damit verbundenen Reparaturmaßnahmen der Hiram Bingham Straße, über den Bau einer Seilbahn nachgedacht.

Aber darüber will ich heute nicht nachdenken. Die touristische Inszenierung war der Grund, warum ich nicht herkommen wollte, doch zu meiner Überraschung nehme ich sie gar nicht wahr. Es mag sein, dass das ignorant und heuchlerisch oder entrückt und geistesabwesend ist, aber sie hindert mich nicht daran, die Ursprünglichkeit von Machu Picchu zu erfahren. Es scheint, als sei die Magie der alten Kultur stärker als die Vermarktung der Neuzeit.

Während ich durch das Wunder der Steine schlendere, begegnen mir Sandy und Aurelie. Die beiden französischen Schwestern übernachten in Cusco in der gleichen Unterkunft und haben sich für die eintägige Machu Picchu-Variante entschieden. Weil für uns drei morgen der letzte Tag in Cusco ist, wollen wir den morgigen Abend gemeinsam verbringen.

Die Sprache von Machu Picchu. *Inti* wandert weiter den Himmel entlang. Mittlerweile ist es schon später Nachmittag und die unendliche Natur leuchtet in einem außergewöhnlichen Licht, als ich auf eine Südafrikanerin und einen Inder stoße. Die beiden sind sich selbst gerade erst begegnet und laden mich ein, den knapp einstündigen Weg zum *Intipunku*, dem *Sonnentor* mit ihnen zusammen zu gehen.

Es ist, als kennen wir uns und hätten uns für das Hier und Jetzt verabredet. Dabei kenne ich lediglich das unverfälschte Lächeln ihrer Lippen, das reine Strahlen ihrer Augen und die Herzenswärme ihrer Stimmen. Das ist die Sprache von Machu Picchu, die ich heute zu sprechen gelernt habe. Es ist sein Wesen, das jedes Wesen auskleidet, das sich für ein paar Stunden auf diesem entlegenen Winkel der Erde umtreibt. Wie ein unsichtbares Band liegt eine kraftvolle, positive Energie in der Luft, welches die Menschen aller Nationen und Kulturen umhüllt und jegliche Barrieren bis aufs Unkenntliche auslöscht. Die Auseinandersetzungen, Feindschaften und Konflikte, die auf den übrigen Breiten ausgetragen werden, sind hier unvorstellbar.

Diese friedvolle Atmosphäre lässt mich noch einmal ganz neu begreifen, was Frieden wirklich bedeutet: Er resultiert aus dem Inneren, aber ist im Außen erfahrbar. Nur wer seine eigene kleine Welt in Ordnung hält, kann dieser in der großen Welt begegnen.

Auf Machu Picchu ist die Magie in der Luft so real, als könne man sie beinahe greifen. Angeblich sollen sich die Kraftplätze alter Hochkulturen auf den Kreuzungspunkten der Gitternetzlinien unseres Planeten befinden – Machu Picchu ist ein solcher Kraftort. Eine Quelle guter Energie, die das Gefühl von Erschöpfung nicht aufkommen lässt.

Deeprankar, Patricia und ich sind die letzten, die die *verlorene Stadt der Inka* an die Nacht überreichen, ehe der Mensch ihre Tore wieder schließt. Während sich *Inti* mit einem malerischen Lichtspiel verabschiedet, verabschiede ich mich von den beiden und von Machu Picchu. Wiederkommen werde ich wohl nicht. Machu Picchu wäre anders. Machu Picchu ist an jedem Tag anders. Die Konturen sind gegeben, doch ausgemalt werden diese von den Menschen, Begegnungen und Augenblicken. Ein jeder Tag zeichnet neu. Mein Bild zeigt ein unverbesserliches Motiv. Ohne den Wunsch, auch nur ein kleines Detail verändern zu wollen, empfinde ich es als vollkommen.

Dann bettet sich die Ruinenstätte im Schatten der Nacht.
Machu Picchu ist eine Wunderlandschaft.
Voller Magie und von Friede erfüllt.
Von Sonnenaufgang, bis Sonnenuntergang.
Märchenhaft, wenn es nicht so real wäre...

Landung auf irdischem Boden. Mit dem Spanier und den beiden Chilenen bewältige ich ein weiteres Mal die Stufen. Der dunkle Wald trägt die noch verbliebenen Touristen nach unten, während der Himmel aus den bunten Farben ein schlichtes Schwarz mischt, als spule er eine alte Kassette zurück. Glühwürmchen erleuchten den Weg, die Taschenlampe verbleibt im Rucksack. Ihr Schein wäre zu viel Schein – wir wollen nur Natur!

Als wir das Tal erreichen, sind die Sterne und der Mond schon am Nachthimmel platziert, der Urubamba ist wieder in Bewegung und erfüllt mit seinem tosenden Geräusch den Augenblick, als wir die Brücke überqueren. Dann sind wir zurück und es ist, als wären wir nie fort gewesen, dabei fühlt es sich an, als war ich Wochen unterwegs.

Mit roten Wangen und beseelt leuchtenden Augen erreichen wir den *Mercado Central*, wo grelles Neonlicht, lautstarke Musik und ein lebendiges Treiben mich auf irdischen Boden zu landen versuchen. Aber irgendwie bin ich irgendwo da oben hängen geblieben.

Dennoch weckt die Zivilisation auch den zivilisierten Teil meines Selbst: Der holprige Landungsversuch macht mich unversehens mit meiner eigenen Erschöpfung vertraut. Erst jetzt bemerke ich, dass ich hungrig und müde bin und dass die Sonne tiefe Spuren in mein Gesicht gebrannt hat.

Achtzehn Stunden später liege ich wieder in meinem Bett. Wo mich vor zwei Tagen das Geräusch der Ameisen und Spinnen begleitete, wo heute Morgen laute Gespräche widerhallten, herrscht an diesem Abend eine Stille, die aus meinem Inneren resultiert. Die Welt um mich herum spricht in anderen Sprachen, aber sie verstummt vor den Toren meiner Ohren.

Jetzt weiß ich: Machu Picchu muss man nicht sehen wollen. Man muss den Ort erleben. Denn er lebt, obwohl er totgesagt ist. Wenn man ganz still ist, hört man ihn atmen.

Der Weg zurück

Unter freiem Himmel putze ich meine Zähne, packe meinen kleinen Rucksack und bezahle die Rechnung des Hostels. Aguas Calientes ist ausgestorben – die Menschen befinden sich bereits vierhundert Meter höher. Im *Mercado*, in dem sich die Zivilisation und die Ursprünglichkeit so rücksichtslos vermischen wie zwei Wetterfronten bei einem Gewitter, tanke ich Kraft für den Rückweg und lasse die typisch lateinamerikanische Atmosphäre eines unberührten Morgens auf mich wirken.

Dann beginne ich mit müden Beinen meinen Weg zurück nach Santa Teresa. Die Sonne strahlt auch an diesem Morgen. Keine Wolke trübt den Himmel, kein Gedanke meine Stimmung. Ich umrunde den Felsen, auf dem Machu Picchu schon wieder andere Besucher verzaubert und sehe vom Tal ebenso wenig, wie zwei Tage zuvor – erkenne heute aber viel mehr.

Wenngleich Machu Picchu sein Mysterium nicht preisgab, verriet mir seine Lautlosigkeit doch einen Teil des Geheimnisses: Jetzt weiß ich, wie sich Zeitlosigkeit anfühlt und in welcher harmonischen Melodie die Stille erzählt. Ich trage tiefe Zufriedenheit in mir. Von nun an gleicht jeder Gedanke an diese Erinnerung einem Schluck aus dem Zaubertrank, von dem gestern jeder Besucher trank. Er bewirkt einen tiefen Frieden mit allem, ein bedingungsloses Ja zu allem.

Jener Wind der Ursprünglichkeit, der mir hoch auf den Gipfeln der Anden ins Gesicht wehte und mir neue Energie einhauchte, schenkte mir das friedfertige Gefühl, nach dem ich in Deutschland so oft gesucht hatte. Hier, so unglaublich weit von der modernen Zivilisation entfernt, dafür einer alten Kultur und der Natur ganz nahe, durfte ich es erfahren, habe ich es gefunden und möchte es nicht mehr loslassen. Letztlich resultiert diese Empfindung aus dem Inneren, aber das äußere Umfeld gibt immer einen Impuls.

Von den Erinnerungen getragen, wandere ich berauscht zurück. Meine Gedankenwelt ist ruhig und lebendig zugleich. Sie unterhält und trägt mich und wenn sie einmal Lücken lässt, schleicht sich sofort die betörende Stille der Landschaft in mich hinein. Alles ist im Fluss und zieht durch mich hindurch, wie der Urubamba durch das *heilige Tal.* Wieder, oder vielmehr noch immer, erfüllt mich das Gefühl von Transparenz, das mich mit der Umgebung verschmelzen und eins mit ihr sein lässt.

Die in meinen Gedanken auftauchenden Worte verweilen nur kurz, weil sich stets eine andere Erinnerung auftut. Ich möchte sie *alle* festhalten, weil das Gestern so besonders war, doch sogleich inspiriert mich die Geschichte von Machu Picchu und ich erkenne, dass es nicht immer darum geht, alles festzuhalten. Manchmal sind die Dinge bloß für eine gewisse Zeitspanne erdacht und manchmal ist es viel schöner, etwas wieder entdecken zu können.

Je später es ist, umso gleißender scheint die Sonne vom tiefblauen Himmel herab und lässt das Gehen meiner müden Beine immer schwerfälliger werden. Es ist heiß, aber nicht schwül. Eine trockene Hitze liegt über dem sandigen Weg, auf den die senkrecht stehende Mittagssonne nur kleine Schatten wirft, für die ich viel zu groß bin. Im Rhythmus zwanzig Schritte, dann einen Schluck Wasser, komme ich vorwärts.

Hin und wieder wirbeln die vorbeifahrenden Jeeps große Staubwolken auf und weil die Führer der Reiseveranstalter um die Hitze wissen, wollen sie mich kostenlos mitnehmen. Doch meine Füße möchten beenden, was sie vorgestern begannen und das Gefühl von Schlichtheit und Abgeschiedenheit durch das Umsteigen in jenen mobilen Luxus nicht einfach vernichten. Und so tragen sie mich zurück bis in den kleinen Ort Santa Teresa, der hinter einer der unzähligen Kurven unversehens auftaucht.

Ohne Ortsschild liegt hier der Beginn der Siedlung. Ich überquere die hölzerne Brücke und schlendere durch die sandige Straße, die von kleinen Lehmhäuschen sowie einige Bananenstauden und Kaffeepflanzen begrenzt wird. Zurück in der Zivilisation, die dieserorts eigentlich ganz harmlos, aber mir nach den letzten Tagen völlig fremd erscheint, empfängt mich fröhliche Musik. Die gestrige Stille ist sogar hier, in dem vom schier endlosen Dschungel umzingelten Dorf, weit entfernt. Doch von nun an wohnt sie in meinem Herzen.

Auf der Suche nach einem Fruchtsaft wandle ich durch die sandigen Straßen. Die kleine Siedlung hält gerade Mittagspause. Sie lebt im Rhythmus der Natur und verdient im Rhythmus der Touristen: Noch ist es zu früh für jene, die Santa Teresa heute erreichen und schon zu spät für die, die bereits von hier aufgebrochen sind. Das Dorf wirkt wie ausgestorben. Nur das Kinderlachen zweier Mädchen ertönt in der Straße, in der neben uns dreien nur die Hitze herumschleicht. Ich sitze allein an einem der vielen Tische der kleinen Restaurants und genieße das Alleinsein und das Sitzen.

Wenige Stunden später fahre ich im Kleinbus zurück nach Cusco. Eingeengt zwischen den anderen Passagieren, überkommt mich mal wieder Platzangst. Über meinem Kopf dröhnt aus dem einzigen Lautsprecher lautstark Musik, die den gesamten Bus versorgen muss, obwohl die anderen Passagiere schlafen. Nur ich verharre wach, weil ich nicht weghören kann und weil sich an die Kopflehne nur meine Schultern anlehnen können. Müde schaue ich daher aus dem Fenster und beobachte die Figuren des aufgewirbelten Staubs, der unseren Bus in eine sandige Glocke hüllt. Kleine Lehm- und Steinhäuser fliegen hinter dem Fenster vorbei und die grünen Berghänge wollen einfach kein Ende nehmen. Der unebene Boden schaukelt uns durch den Hochland-Regenwald, den die Einheimischen poetisch als *Seja de selva*, als *Augenbraue des Dschungels*, bezeichnen.

Stunden später funkeln die Sterne am Himmel und mal über, mal unter uns tauchen in den ferner gelegenen Serpentinen die Lichter anderer Fahrzeuge auf. Längst weiß ich, dass es manchmal besser ist, nichts zu sehen.

Nach sechs Stunden erreichen wir Cusco.

Cusco ist kalt und ich bin müde. Mit dem Wechsel des Klimas und der veränderten Vegetation erscheinen die Erlebnisse vergangener Stunden viel ferner, als sie es tatsächlich sind.

15. Mai 2010

Der Tag danach

Der 15. Mai ist einfach nur der Tag danach. Ich schwelge in Erinnerungen, spaziere durch Cusco, rufe zu Hause an, schlafe, schreibe und verbringe viel Zeit in der gemütlichen Unterkunft. Die *Hospedaje Inka* ist wie ein kleines Zuhause hoch über den Dächern von Cusco.

Beim Kochen mit den beiden Französinnen, kommen wir mit anderen Gästen unserer Unterkunft ins Gespräch, mit denen wir gemeinsam den Abend verbringen. Dafür kaufen wir ein paar Flaschen Rotwein, sammeln das trockene Holz, der auf dem Grundstück des Hostels gewachsenen Eukalyptusbäume und machen ein Lagerfeuer. Ein Kanadier spielt Gitarre, während im Tal das Lichtermeer von Cusco für uns leuchtet. Es ist ein beseelter Augenblick, in dem die letzten Tage noch einmal laut werden dürfen.

Allein unterwegs und zusammen auf der Reise.

Für einen Abend, für einen kurzen Augenblick, bevor sich unsere Wege ebenso schnell trennen, wie sie zueinander fanden und sich in verschiedene Richtungen verteilen, wie die Töne der Nacht:

Gitarrenklänge. Singende Stimmen. Lachen. Stille. Gespräche.

Französisch. Englisch. Spanisch – eins.

Ich fange diesen Moment ein, um ihn eines Tages hervorholen zu können, wenn ich mich auf der Reise mal alleine fühle. Es ist meine klangvolle Flaschenpost des Glücks und eine bleibende Erinnerung.

Peru ist...

Am nächsten Morgen zeugen nur noch die leeren Weinflaschen neben der verglommenen Asche von einem geselligen Abend, ehe unsere Wege sternförmig in alle Richtungen führen, wie einst die Pfade der Inka. Mein Weg führt von Cusco in Richtung Süden nach Puno, dann östlich am Titicacasee entlang und über die peruanisch-bolivianische Grenze. In Huarina werde ich den Bus wechseln, die Reiserichtung ändern und schließlich bis Sorata fahren. 655 Kilometer. Von Peru nach Bolivien – von Vertrautem, in Fremdes.

Nach fünf Monaten verlasse ich das so liebgewonnene Land endgültig.

PERU:

Das Land, in dem Gesichter und Hände so ausdrucksstark erzählen und die Vielfalt der Natur überall begeistert. Wo Moskitos zerstechen und Straßenhunde den kürzesten Weg zu einer Gefahr machen. Wo es schon zum Frühstück Reis mit Hühnchen gibt, die neongelbe *Inka Cola* jeden Tag versüßt und jeder buntes Wassereis aus Plastiktüten schleckt. Das Land, in dem *Cumbia* den Takt angibt, an jeder Ecke ein Stand mit Süßigkeiten lockt und Kinder bis spät in die Nacht ihr Geld auf der Straße verdienen.

Das Land der preiswerten Mittagsmenüs, der falschen Wegauskünfte und der Gelassenheit. Das Land der immer wackelnden Tische und der überall schlafenden Menschen. In dem noch immer pünktlich ist, wer Stunden zu spät ist und Hupen die besseren Bremsen sind. Das Land, in dem langjährige Traditionen unter der Globalisierung ersticken, aber der Atem vergangener Kulturen noch spürbar ist.

Das Land der Straßen, auf denen es kilometerlang kein Vorwärtskommen gibt und die kilometerlang verlassenen sind.

Das Land der Leere, das Land der Fülle.

Das Land der Armut, das Land des Reichtums.

Das Land der Vielfalt und der Kontraste.

Das Land der Gletscher und der schmelzenden Gipfel,

der unberührten Andenluft und der ungefilterten Abgase,
der noch vorhandenen Bergseen und der schon wasserlosen Seen,
des Wegsehens und des Hin-Sehnens.

Das Land der *Costa, Sierra* und *Selva*, der Inka-Heiligtümer und der Indios. Der Schuhputzer und Straßenhändler und der stets wachsenden Armenviertel in Lima.

Das Land, das nicht aufhört zu begeistern und das zugleich mit gewaltigen Gegensätzen schockt. In dem stille Hilfeschreie und Blicke, die nach Hilfe schreien, nicht laut genug zu sein scheinen.

Das Land, das Gegensätze toleriert,
in dem die Politik manipuliert
und die Korruption regiert.

Peru ist so vieles! Es ist ein Land der Extreme: Landschaftlich, menschlich und kulturell. Zahlen bügeln diese Kontraste nur glatt.

Peru ist so vieles! Mal so still, mal so lärmend. Mal so leer, mal so überfüllt. Manchmal kann man nicht wegschauen und manchmal möchte man nicht hinsehen.

Peru ist so vieles! Nicht immer einfach, nicht immer liebenswert, nicht immer schön. Und manchmal so viel mehr als das.

Peru ist Peru.

Peru *war*,
aber *bleibt*.
Und *ist*
meine unvergessliche Erinnerung!

17. *Mai 2010*

Unterwegssein ist das Gegenteil von Beständigkeit

Vor über siebzehn Stunden habe ich Cusco verlassen – ich bin noch immer unterwegs und stehe seit fast vier Stunden verloren am Straßenrand in Huarina. *Was für ein Kaff!*

Im Abstand von zehn Minuten sollen angeblich Busse halten, die meinen Zielort *Sorata* rund siebzig Kilometer weiter nördlich über die *Ruta 16* anfahren. Busse kommen, aber nicht im Zehnminutentakt und sind auch alle überfüllt. Niemand hält, nur ich vergebens meine Hand heraus, während eine jede der Busfahrer mich nur beiläufig abwinkt. Ich habe keine Ahnung, ob ich heute schon zehn, zwanzig oder vierzig Hände gesehen habe. Ich habe nie angefangen sie zu zählen – ich habe mittlerweile nur aufgehört, voller Hoffnung zu sein!

An jener schnellbefahrenen Straße, an die irgendein Verrückter provisorisch einen kleinen Laden und zwei Straßenstände gebastelt hat, sitzen wenige Menschen aufgabenlos ihre Zeit ab. Glotzen, sprechen mich aber nicht an und ich glotze und schweige zurück.

Die Reisefreude bröckelt allmählich dahin, während ich zwischen der Landschaft und mir immer mehr Ähnlichkeiten ausmachen kann: Die bolivianische Hochebene wartet verlassen in dieser verlassenen Welt und passt in keinen Bus hinein.

Mit der Veränderung der Landschaft, verändern sich auch meine Situation und Stimmung. Unterwegssein ist das Gegenteil von Beständigkeit. Und so lande ich mit einer Bruchlandung aus dem Flug der Machu-Picchu-Kontemplation auf dieser tristen Straße, auf der der Wind des *Altiplanos,* der *Hochebene,* mir eisig ins Gesicht faucht.

Ich sehe förmlich, wie meine Pläne und Träume wie die Regentropfen eines Sommerregens auf dem heißen Asphalt zerplatzen. Hier ist dieser jedoch so kalt, dass er sie erfrieren lässt – mein Reisefluss gerät ins Stocken, alles zerbricht in Scherben. Stillstand. Warten ohne Aussicht auf ein Ende verändert das Zeitempfinden. Doch es kommt mir nicht nur so vor, es ziehen tatsächlich Stunden in dieses einsame Land!

So sehr ich die Mentalität der Südamerikaner schätze, so sehr verfluche ich sie in Stunden wie diesen. Ihre fantasievollen Auskünfte, ihre Gelassenheit und ihre Unbefangenheit, die voll Zuversicht glauben, dass alles schon irgendwie gelingen wird, bringen mich manchmal an die Grenze meiner Gelassenheit, meiner Unbefangenheit und Zuversicht, die plötzlich zu zweifeln beginnen, ob alles schon irgendwie gelingen wird!

Wie einfach wäre es aufzugeben...

Einfach den Plan und die Reiserichtung ändern, zurückfahren, irgendwohin, wo das Reisen wieder geebneter verläuft. Doch noch versuche ich den westlichen Kopf, der fast zwanghaft immer alles beschleunigen muss, durch lateinamerikanischen Langmut zu ersetzen. Ich warte weiter.

Wenn das Erdachte nicht gelingt, meine Füße von den Vortagen schmerzen, die Last des Rucksacks mich schon symbolisch niederdrückt und ich dem Moment sogar ohne Bus entfliehen möchte, breitet sich nach langen Stunden des Wartens eine Gleichgültigkeit in mir aus, die das Schwere plötzlich leicht sein lässt: Das Gefühl der Ohnmacht gebärt Vertrauen und die Unwissenheit verwandelt sich in ein Abenteuer. *Ist es nicht so, dass das Leben einen erst beschenkt, wenn man es lächelnd herausfordert?*

Als sei jene Zuversicht das bolivianische Ticket, hält plötzlich ein Bus. Dieser ist zwar nicht weniger voll als die vorherigen, doch mit der veränderten Geisteshaltung passe ich hinein. Das gedankliche Gepäck hat sich quer gestellt und mir den Weg versperrt.

Dankbar quetsche ich mich zwischen die Unbekannten und deren Gepäcksäcke und bemerke wieder einmal, dass die äußeren Umstände unablässig den Versuch wagen, das innere Glück ins Wanken zu bringen. Zufriedenheit ist nie Besitz, sie ist immer das Geschenk einer geistigen Arbeit. Und Geduld ist eine hohe Tugend, die mich im schnelllebigen Deutschland nicht ausreichend auf den lateinamerikanischen Straßenverkehr vorbereiten konnte.

Der kleine Bus tuckert weitere zwei Stunden über das *Altiplano* und rollt schließlich 1500 Meter in nur dreißig Kilometern herunter. Es geht ziemlich steil und kurvenreich bergab – *wenn das mal keine Auswirkung auf meine Stimmung hat...*

Sorata

Sorata ist ein sechstausend-Seelen-Dorf im Nordwesten von Bolivien. Enge, gepflasterte Gassen, eine palmenumsäumte *Plaza* und Straßenhunde prägen das Bild. Es herrscht ein angenehm mildes Klima. Der koloniale Ort ist ein Mekka für Wanderer: Er liegt im Norden der Hochgebirgskette der Königskordilleren, die sich über 125 Kilometer durch Bolivien ziehen und unmittelbar am Fuße des 6368 Meter hohen Illampús, dem vierthöchsten Berg des Landes.

Den Abend verbringe ich im Hostel. Ich verabschiede mich gerade schreibend von Peru und klage über die Fahrt nach Sorata, als die vier Israelis Nir, Nir, Nir und Yotam mich allein am Tisch sitzen sehen und mich zunächst zu *beer & cookies* und schließlich zu einer zweitägigen Wanderung einladen.

Schon früh am nächsten Morgen starten wir den Aufstieg zu einem kleinen Bergsee, der auf 4200 Meter gelegenen *Laguna Chillata*. Unter uns schrumpft Sorata, hinter mir fallen israelische Schweißtropfen, vor mir liegen anstrengende Stunden und um uns herum breitet die Andenwelt ihr grünes Kleid aus. Auf den endlosen Wiesen lassen ein paar Hirten ihre Schafherden weiden, ansonsten begegnet uns niemand. Nur der vereiste Illampú und die Wolken sind unsere steten Begleiter: Bewachen uns zunächst von oben, umarmen uns, als wir in sie eintauchen und beflügeln uns, als wir über ihnen schweben. Es ist ein erhabenes Gefühl, sich mit den eigenen Füßen über sie zu bewegen und von oben zu bewundern, wie sie ihre Bahnen durch das Tal ziehen.

Immer wieder rasten wir auf den weiten Hügeln, kochen Tee oder Kaffee, genießen die Stille oder reden über die Zeit in Südamerika und unsere Heimat. Die vier Israelis haben vor ein paar Monaten ihren dreijährigen Wehrdienst beendet und ziehen nun durch die Welt. »Das macht mehr als die Hälfte aller wehrpflichtigen Israelis – wir müssen danach erst einmal den Kopf frei bekommen und genießen die Freiheit«, erzählen sie. *Das Leben danach* ist das Gegenteil der zwei oder drei Jahre zuvor: Frei, langhaarig und bärtig.

Sechs Stunden später und 1500 Meter höher, tut sich vor unseren Augen die Laguna Chillata auf, in der sich der Himmel und die Berge der Umgebung spiegeln. Ehe die Dämmerung und schließlich vollkommene Dunkelheit einkehrt, schlagen wir unsere Zelte auf, kochen Reis und Bohnen auf dem Gaskocher und spielen Karten, bis uns die Kälte in die Zelte treibt.

Am nächsten Morgen sitzen wir auf einem der Dächer der Welt und bestaunen ihre Verlassenheit, ihre Unberührtheit, ihre Vollkommenheit. Erst die Morgensonne erwärmt das eisige bolivianische Hochland und taut auch uns wieder auf.

Der Abstieg ist gemütlich – das gestrige Gipfelglück trägt uns zurück in das Tal, wo ich noch einen Tag in Sorata verweile und die Ruhe der Bergwelt genieße.

20. Mai 2010

Kurzgeschichten einer Pralinenschachtel

»Das Leben ist wie eine Schachtel Pralinen,
man weiß nie, was man bekommt.«
Forrest Gump

Weil ich das nicht weiß, ist es oft schwer, auf unbekannte Menschen zuzugehen, mich auf sie einzulassen und ihnen Vertrauen zu schenken. In Südamerika herrschen andere Gesetze und das erste ungeschriebene, das mir nicht nur jeder ans Herz legte, sondern eindringlich eintätowierte, war, dass ich keinem Fremden trauen dürfe – also im Prinzip niemandem.

Wie außerordentlich die vermeintliche Sicherheit, das blinde Vertrauen fremden Menschen gegenüber sowie die Verlässlichkeit des öffentlichen Lebens in Deutschland sind, lerne ich deshalb erst in der Ferne wirklich zu schätzen. Jene immateriellen Güter charakterisieren für mich wahren Wohlstand. Dass es einer Gesellschaft gut geht, erkennt man wahrscheinlich daran, dass der Einzelne keine Angst haben muss.

Südamerika tickt anders. Viele Personen tragen die Maske der Hoffnungslosigkeit, hinter der sie zu vielem fähig sind. Wäre ich eine von ihnen, wäre ich es vermutlich auch. Denn alles Schlechte immer einfach schlecht zu reden, ist nur dann leicht, wenn man nicht darin verwickelt ist. Seit ich hier bin, lerne ich, dass vieles Schlechte zwar keinen guten, aber immerhin einen Grund hat. Ich verurteile es nicht mehr. Die Ereignisse in einen Kontext zu bringen, hilft manchmal, sie zu verstehen.

Doch wenn manche während eines Diebstahls oder Überfalls einen Teil ihrer Menschlichkeit ausblenden, macht das selbst die Menschlichsten unmenschlich und unberechenbar, und das lässt einen gewaltigen Teil meiner Menschlichkeit plötzlich nutzlos schweigen: Meine Intuition. Worauf ich mich bislang verlassen konnte, funktioniert hier nicht. In einer anderen Kultur brauche ich einen anderen zwischenmenschlichen Kompass. Diese nonverbale Fremdsprache stellt neben der spanischen Sprache eine viel folgenschwerere Barriere dar: Sie erschwert nicht den Kontakt, sondern bereits die Kontaktaufnahme!

So lasse ich mich bislang von der Vorsicht und der Distanz lenken und versuche nicht mehr aufzufallen, als ich es durch mein andersartiges Aussehen ohnehin tue. Ich trage nie eine Kamera um meinen Hals und wenn möglich, nicht einmal eine Tasche bei mir, denn ich bin davon überzeugt: Wenn ich ausstrahle, dass es bei mir nichts zu holen gibt, wird niemand versuchen, bei mir etwas zu holen.

Und ich bin auch davon überzeugt, dass die Überzeugung zu einem gewissen Teil das Geschehen lenkt. Ich ziehe an, was ich ausstrahle und wenn ich nur Flip Flops anziehe, strahle ich das aus, was viele ausstrahlen. Ich mache mich zumindest an den Füßen unsichtbar, wenn schon der ganze Rest von mir scheinbar so unglaublich anders ist. In der Masse unterzugehen, ist der beste Garant, nicht aufzufallen.

Doch für eine unentwegte Vorsicht und Distanz, bin ich zu jung oder zu naiv und meine Neugier denkt zu wenig an die Sorgen, die sich andere machen könnten. Schließlich bin ich auch nicht hier, um alles aus vorsichtiger Entfernung zu ergründen – dann hätte ich gleich zu Hause bleiben können. Allein in Santa Clara zu leben, mit den lokalen und nicht mit den touristischen Bussen zu fahren, oder in den vielen Garküchen am Straßenrand zu speisen, sind Erfahrungen, die ich nicht missen möchte, von denen so mancher Reiseführer aber wegen Über- und Durchfallgefahr abrät. Ich lege sie nicht nur jedem ans Herz, sondern tätowiere sie jedem eindringlich ein, der das echte Peru kennenlernen möchte. Ob jene Naivität Leichtsinn oder ein Geschenk ist, kann ich vermutlich erst später einschätzen. Denn *Das Leben ist wie eine Schachtel Pralinen* – man weiß eben nie, was man bekommt.

Meine *Pralinenschachtel* sind die Neben- und nicht die Hauptstraßen, die verwahrlosten Stadtränder, nicht die geschönten Zentren, nicht die aufdringlichen, sondern die leisen Menschen. Nicht die, die auf mich zugehen, sondern die, die wegen ihres schweigenden Charismas faszinieren – und manchmal sind es die ganz alltäglichen Situationen. Aber immer entfernt dieses spannende Andere des fremden Kontinents in bemerkenswerter Weise ganz unbemerkt alle ins Herz tätowierten Warnungen und Empfehlungen – vermutlich ist es *Leichtsinn*. Doch eine echte Faszination kann wohl von keinem

Ratschlag und keiner Angst vernichtet werden.

Von unbändiger Neugier besessen, sehe ich in so manchen Momenten nur noch jene *Pralinenschachtel.* Wie ein Kind, das die Abwesenheit seiner Eltern nutzt, um der Faszination endlich den ersehnten Raum zu schenken, vergesse ich alle Ratschläge und öffne die rätselhafte und geheimnisvolle Schachtel:

An einer belebten Straßenkreuzung irgendwo in Peru, setze ich mich auf den Sessel eines Schuhputzers. Dort fühle ich mich, als wurde mir der beste Platz des Theaters zugewiesen.

Vorhang auf: Im untergehenden Licht der Sonne verfolge ich das geschäftige Treiben auf und neben den Straßen und frage beiläufig nach dem Preis. »Dos Soles«, möchte der *limpiabotas,* der *Schuhputzer*, für sein Werk haben, etwa fünfzig Cent. Dann beginnt er seine Arbeit. Er putzt, salbt, lackiert und poliert und wiederholt dabei mehrfach, dass diese Pflege *especial*, *eine ganz spezielle*, sei. Während ich seine geschickten Bewegungen verfolge und das Straßenleben im untergehenden Sonnenlicht verschwimmt, überfällt mich plötzlich ein schlechtes Gewissen. *Schuhe wie neu, für nur fünfzig Cent – was mache ich hier eigentlich?*

Ich bemerke, wie in mir ein Gefühl des Bedauerns für den unbekannten Schuhputzer wächst, wie Zorn über die Ungerechtigkeit aufkeimt, die träge über dieser Welt liegt und sie bis in die kleinsten Ecken bedeckt und wie meine Wut über die Kluft entfacht, die die eine Welt in zwei Teile sprengt. Während die Menschen der einen Seite ums Überleben kämpfen, bereichern sich die anderen an ihrem Boden. Sie graben die Welt aus, durchleben sie und sehen mehr von ihr, als die, die in ihr zuhause sind – so wie ich.

Ich fühle mich schrecklich und beschließe, dem Schuhputzer ein kleines Trinkgeld zu geben. Ohne überheblich zu wirken, vielmehr als Brücke, die ich bauen möchte, als Anerkennung und Wertschätzung, als Ausdruck meiner Gedanken und weil mir nichts Besseres einfällt.

Mit der Vollendung seines Werkes endet auch die Theatervorstellung. Meine Schuhe glänzen. Ich bedanke mich, möchte bezahlen und ihm gerade das in Gedanken versprochene Trinkgeld geben, als er den vereinbarten Preis – wegen spezieller Pflege und unter erwartungsvollen Blicken seiner lachenden Kollegen – auf das Vierfache erhöht. Der Betrag ist noch immer zu preiswert für meine Schuhe, aber plötzlich viel zu unehrlich für eine ausgemachte Vereinbarung und für die Gedanken, die in den vergangenen Minuten meinen Kopf durchzogen.

Ich bin enttäuscht.

Und bezahle –

irritiert von der Situation – nicht seinen soeben ausgedachten, sondern unseren zu Beginn ausgemachten Preis.

Irgendwie kann ich nicht anders.

Vorhang zu.

Mit Gewissensskrupeln und Schuldgefühlen schleiche ich auf sauberen Sohlen davon, reiße die gedanklichen Brücken wieder nieder und bemerke wie die Ungerechtigkeit der großen Welt auch im Kleinen ihre Bahnen zieht: Es begegnen sich nicht Mensch und Mensch, sondern zwei Menschen aus zwei unterschiedlichen Welten. Wir leben in verschiedenen Sphären und können uns scheinbar nicht einfach am Straßenrand begegnen, da uns die Ungerechtigkeit von etwas Größerem im Wege ist.

Dann schließe ich die Schachtel.

An diesem Abend kann ich nur schlecht vor mir selbst bestehen. Fremdschämen ist schrecklich, aber viel schlimmer ist es, sich für sich selbst zu schämen.

Die Sonne ist längst untergegangen und der Feierabendverkehr der Straßenkreuzung zu Hause angekommen, nur ich sitze in Gedanken noch immer auf meinem Ehrenplatz im Theater. Unwissend habe ich heute die Hauptrolle gespielt. Jetzt frage ich mich, wer die Sitzplätze verteilt und die Rollen vergibt. Warum der eine auf dem Sessel sitzen und der andere lediglich davor hocken darf. Auch nach der Vorstellung weiß ich nicht, welche Rolle die glücklichere ist – denn glücklich bin ich an diesem Abend nicht!

Ein anderes Mal öffne ich die Schachtel am Titicacasee, als ich einen etwa sechsjährigen Jungen nach dem Weg frage. Schnell und frech antwortet dieser, dass eine Wegauskunft nur gegen ein *propino*, ein *Trinkgeld*, möglich sei. Ich erschrecke über die prompten Worte, die seinen Mund derart routiniert verlassen, als sei diese Antwort die

Reaktion auf eine jede Frage, die ich hätte stellen können.

Wie traurig und wie abgerichtet.

Wie schwarz und wie weiß.

So sind Kinder nicht – so werden Kinder gemacht.

Abscheu und Bestürzung machen sich in mir breit. Nicht dem Jungen, sondern etwas Größerem gegenüber. Viel zu oft ist helle Haut gleichbedeutend für vermögend und Europäerin zu sein, ein Synonym für Reichtum. Ich trage einen Stempel und bin ein Objekt wie ein Geldautomat, der Scheine ausspucken soll.

Wäre es keine Forderung, würde ich gerne geben, denn ich bedaure die Ungleichheit und es schmerzt mich, sie zu sehen, sie zu erleben, sie zu erfahren und zu fühlen! Doch mehr noch schmerzt mich, was solche Momente mit dem Einzelnen tun. Mit dem kleinen Jungen, mit mir. Sie verunsichern mich und ersetzen meine Aufgeschlossenheit durch Zurückhaltung.

Dann schließe ich die Schachtel.

Was im Kleinen geschieht, hallt im Großen wider.

Oder was im Großen passiert, schlägt sich im Kleinen nieder.

Wir sind doch alle nur Menschen,

aber wir sind nicht gleich.

Wir sind scheinbar alles andere als das!

Grundverschieden, obwohl wir uns so ähnlich sind.

Ich öffne die Schachtel in Cusco. Ich frage ein paar Schulkinder nach dem Weg zum Bus-Terminal, das sich etwa zwanzig Minuten außerhalb des Stadtzentrums befindet. Sie bieten ihre Hilfe an und wollen mich, typisch peruanisch, dorthin begleiten. Als ich sie frage, was sie dafür haben möchten, sehen sie mich mit fragenden Augen an.

Und ich erschrecke über mich selbst!

Das sind Kinderaugen: Ehrlich und loyal.

Verunsichert schaue ich zurück und bemerke: Irgendetwas stimmt nicht. Irgendetwas ist vollkommen *ver-rückt* und müsste längst neu geordnet werden.

Dann schließe ich die Schachtel.

Bei einem Computer-Spiel würde ich spätestens jetzt *Neustart* klicken, doch mein Unterbewusstsein kann diese Situationen nicht einmal durch einen Rechtsklick auf *Möchten Sie dieses Erlebnis löschen?* in den Papierkorb verschieben. Alle Erfahrungen legen sich als Schablonen auf neue Begegnungen nieder. Gute wie Schlechte. Es gibt solche und solche Momente, aber *man weiß nie, was man bekommt.*

Das ist die Essenz der Schachtel.

Kein Leichtsinn, sondern immer ein lehrreiches Geschenk.

Seit fünf Monaten möchte ich mehr darstellen als eine Besucherin aus Europa. Ich möchte wieder *Ich* sein können! Als Person erkannt werden, mit Charakter, Stärken und Schwächen, wie die hier lebenden Menschen. Mit unzähligen Gemeinsamkeiten, doch dem scheinbar so gewichtigen Unterschied unserer Herkunft. Das ständige Erfahren, *dass* wir verschieden sind und *wie* verschieden wir sind, obwohl wir gleich sind, schmerzt, täuscht, enttäuscht und ist ernüchternd. Und doch ist es das immer wiederkehrende Ergebnis meiner Tage, meiner Reise. Meines Hierseins und meines Daseins – nicht nur seit ich hier bin, sondern seit ich *da* bin.

Wenn die Schachtel geschlossen ist und ich über ihre Geschichten nachsinne, schwirrt immer die Frage durch meinen Kopf, wie es wohl wäre, wenn unsere Augen die Fähigkeit hätten, dem anderen den Körper auszuziehen, als wäre dieser nur ein gewöhnliches Kleidungsstück!? Wie wäre es, wenn jeder Mensch über die Hülle des anderen einfach hinwegsehen und unmittelbar dessen Kern erkennen könnte:

Sein Wesen, seine Gedanken, sein Empfinden.

Seine Wünsche, seine Träume.

Seine Ängste, seine Sorgen.

Seinen Charakter.

Wenn jedes erste Urteilen über Herkunft, Hautfarbe, Aussehen, Kleidung und Vermögen mit einem Mal nicht mehr existierte und wir alle nackt wären – nackt bis auf die Seele.

Wären wir dann endlich nicht mehr verschieden,
obwohl wir schon immer alle gleich sind?
Wären wir dann endlich alle gleich
und dabei ein jeder einzigartig?

Klagelieder

Heimweh ist, wenn man nach Hause will. Ich bin in einer bekannten, doch keiner vertrauten Stadt. Anders als im März, kennt sie im Mai keine geliebten Gesichter. Mein Vater und mein Bruder sind längst abgereist und die Zeit hat meine Erinnerungen aus der Stadt radiert. Nun zeichnet sie andere Motive mit anderen Farben – wir sind uns fremd, obwohl wir uns kennen. Sie spricht eine Sprache, die ich heute nicht verstehe: *La Paz, der Frieden*, flüstert sie, schreit sie, *ist* sie – doch ich kann ihn nicht finden!

Dass die Früchte farblos sind und die Gesichter der anderen kein Lächeln tragen, dass der kalte Wind durch die steilen Gassen fegt und ich ihn auf meiner Haut nicht wahrnehmen kann, trennt mich von der Wirklichkeit. Sie ist voller Menschen und Klänge, doch ich meine, die ganze Schöpfung habe Selbstmord begangen. Heute ist La Paz wie ein Film ohne Bilder, wie Musik ohne Ton. Meine Traurigkeit radiert die Welt aus der Welt und isoliert mich auch von mir selbst.

Ich fühle mich wie ein *Fremd-Körper*, möchte der Stadt und auch mir selbst entkommen, doch ich bleibe mir treuer, als ich es möchte und hier, obwohl ich gedanklich ohnehin woanders bin: Zu Hause.

Heute frisst mich das Heimweh auf!

Die Abenteuerlustige in mir ist weiter gereist und hat meinen Körper rücksichtslos in der Fremde zurückgelassen. An Tagen wie heute, mit Sehnsüchten wie diesen, wäre ein ganz gewöhnlicher Tag in der Heimat ein Feiertag, ein Sonntag, etwas ganz Besonderes. Jedem kleinen, oft so unbeachteten Detail, würde ich *die* Aufmerksamkeit schenken, die es verdient. Denn groteskerweise vernachlässige ich manchmal genau jene Elemente, die den Ort bedingen, den ich Zuhause nenne.

Zuhause – etwas Schöneres ist in einsamen Stunden unvorstellbar!

Aber die Sehnsucht nach zu Hause heißt *Heimweh* – und etwas Schlimmeres ist in einsamen Stunden nicht fühlbar! Denn das Heimweh kennt keinen Kalender. Es will immer JETZT nach Hause und nicht erst in sechs Wochen.

Online kann man immer nach Hause. Das *fast food* für meinen Seelenhunger heißt Internet. Doch im Internetcafé sind alle Plätze belegt. Die Welt ist vernetzt, nur ich bin offline, heute nicht einmal mit mir selbst verbunden. Ich setze mich auf die Treppenstufen und warte, bis ein Platz frei wird. Der nächste Hauseingang ist ebenfalls belagert. Ohne ihr Gesicht zu sehen, weiß ich, dass es eine alte Bolivianerin ist, deren faltige Hände gekonnt eine Spindel in Bewegung halten. Und während sich ihr Strickkunstwerk stets weiter ausformt, wird das Wollknäuel immer kleiner. Unter einer Decke eingehüllt, scheint sie genauso in sich selbst verloren, wie ich es bin.

Wir sind zu zweit.
Aber zu zweit allein.
Oder gemeinsam einsam.
Wie man's nimmt.

Schließlich betrete ich heimatlos einen heimatlosen Raum. Ich öffne die mit tausenden Fingerabdrücken beschmutzte Glastür und anschließend die Fenster im Computer, die tausende Kilometer in Sekundenschnelle bewältigen. Als würde ich ein reales Fenster öffnen, schaue ich in vertraute Gesichter, die so fern, aber online ganz nahe sind und verliere mich in meinem deutschen Alltag, der sich im Bildschirm so wunderbar vertraut präsentiert. Ich möchte Teil der Gemeinschaft sein, aber die Ferne hält mich fern. Dabei suggeriert sie, ich sei mitten drin, statt nur dabei und die Stimmen ertönten unmittelbar neben mir. *Wieso können sie, was mir verwehrt ist?* So schnell, ganz woanders sein...

Heimweh ist so schrecklich, weil es eine Einsamkeit heuchelt, die eigentlich nicht existiert. Es ist die Ferne, die sich zwischen mich und die anderen schleicht und das Wertvolle unerreichbar sein lässt.

Das Internet ist ein virtuelles Zuhause, das ich auf keiner Landkarte finden kann. Dennoch lässt es alles immer so nahe sein, wie man es gerade braucht, aber gleichzeitig so fern, wie man möchte. In jener Welt, von der ich nicht einmal weiß, wo sie sich befindet, finde *ich* mich immer öfter wieder. Sie kann so wertvoll in verlorenen Augenblicken sein, aber ist so vollkommen reizlos zu souveränen Zeiten, weil mit der Distanz immer auch das Abenteuer schrumpft.

In der heutigen Zeit ist man doch nie wirklich weg!

Das Internet kennt keine Distanz und stellt fast jede Nähe her. Es kennt weder Heimweh, noch Fernweh, weil es überall ist und jeden überall sein lässt.

Ich rufe noch meine Großmutter an, deren Leben sich die meiste Zeit rund um meine Heimatstadt abspielte. Dass sie nicht begreifen kann, wie weit ich weg bin, lässt mich der Heimat auf kindliche Weise näher sein.

Dann ist meine Zeit abgelaufen. Ich überlasse meinen Platz dem Nächsten, setze mich wieder vor die mit tausenden Fingerabdrücken beschmutzte Glastür und stelle mir vor, dass nur jemand die Gardinen vor diese mysteriösen Fenster gezogen hat, hinter denen meine Familie mir vermeintlich ganz nahe ist. Während die Bolivianerin einen Hauseingang weiter eine fast leere Spule und einen fertigen Pullover in den Händen hält, stricken meine sehnsüchtigen Gedanken ihr eigenes Kunstwerk weiter – wärmen kann es mich nicht.

Fremdes Ich. Zurück im Hotel, schlendere ich durch das hohe Treppenhaus und verkrieche mich in meinem Zimmer. Die ungeheizten Räume sind kalt. Niemand begegnet mir. Das Haus scheint so verlassen wie die Stadt und wie der Geist, der diese Zeilen schreibt. Doch vielmehr, als in jener tristen, selbstentworfenen Wirklichkeit, glaube ich, mich auf den Seiten eines Kataloges wiederzufinden:

Mitten im Raum des ausgestellten Zimmers steht ein Bett.

Mitten auf dem Bett sitze ich.

Und esse zu Abend.

Es schmeckt nach Plastik.

Die Bilder an der Wand sind verstaubt und die Gardinen stammen aus einem anderen Jahrhundert. Der Schrank schweigt mich an, der Stuhl verharrt unbewegt und der schwarze Bildschirm des Fernsehers leistet kommunikationslose Gesellschaft. Die Toiletten sind am anderen Ende des kalten Flurs, auf dem nur die Kälte hin und her schleicht. Auf der anderen Seite der Erde fühle ich mich einsam und muss den eigenen Gedanken zuhören, die stillschweigend ein Drama komponieren, das mich von innen erstickt.

Mein Zimmer wirkt unpersönlich und fremd,
unbewohnt, auch nachdem ich es bezogen habe.
Ausgehöhlt und unbeseelt wohnt allein die Einsamkeit in mir.
Und mit mir. Und leistet sarkastische Gesellschaft.

Sie wohnt im Schrank, sitzt auf dem Stuhl und bedient den Fernsehen.

Ich möchte umschalten, aber sie will verweilen.

Ich möchte umblättern, aber ich muss bleiben.

Das Mädchen im Katalog trägt einen seelenlosen Blick. Sie scheint vergessen zu haben, was sie auf den vorherigen Seiten erlebte und nicht ahnen zu können, was sie auf den kommenden erwartet.

Die Gegenwart ist ihre Ewigkeit.

Verzagt verharrt sie auf dem Bett, als würde sie schon jahrelang dort sitzen. Die Stille zwischen den Sekunden ist eine bedrückende Unendlichkeit. Die Zeit scheint stillzustehen.

Das Lächeln hat sie irgendwo in der Stadt verloren. Sie ist zu groß, um es wieder zu finden, aber hat genau die richtige Größe, um trotz, oder vielmehr wegen ihrer zwei Millionen Bewohner aufzuzeigen, wie sich die Einsamkeit anfühlt: Wie ein dunkles, kaltes Zimmer, das die Seele nicht wärmen kann. Wenn Leere keine Fülle ist, trägt das Vakuum den Namen *Sehnsucht.*

Tränen rollen über ihre Wangen – die Katalogseiten wellen sich.

Zerstörerische Schweigsamkeit, unbeseeltes Ich.

Wie verschieden sich die Stille anhören kann:

So leer und manchmal vollkommen erfüllend!

Wie verschieden sich das Alleinsein anfühlen kann:

Befremdlich verlassen und manchmal wie das beste Treffen!

Heute begegne ich mir nicht. Mich selbst zum Lachen zu bringen gelingt nicht, die dauerhaften Selbstgespräche langweilen und die immer nur unausgesprochenen Gedanken sind weniger als eintönig: Sie sind lautlos und doch zu laut. Die nicht existierenden Töne schreien mich an, weil die Einsamkeit auf mich einredet. Sie möchte meine Freundin sein, doch ihr Wesen macht so einsam.

Mein einziger Reisepartner ist mein Spiegelbild, der einfallslos mein ausdrucksloses Gesicht imitiert. Dabei suche ich einen Austausch der Gedanken, ein Eintauchen in andere Blickwinkel, einen Menschen, der mein Schweigen versteht und sich nicht in die Sprache flüchtet, weil er eine stille Anwesenheit nicht erträgt. Ich weiß, dass flüchtige Reisebekanntschaften dem nicht gerecht werden können. Doch es gibt die Begegnungen mit Fremden, bei denen sich jede zwischenmenschliche Distanz schon nach den ersten Worten auflöst. Wenn sich die Einsamkeit als Reisebegleiterin auf meine Route schleicht, ist der Wunsch nach einem solchen Fremden, der nicht fremd ist, groß.

Im Treppenhaus ertönen Stimmen. Stimmen ohne Namen und Menschen ohne Bezug, streuen durch die Zimmertür etwas Salz in meine Wunde. Sie erinnern mich daran, dass ich die Stimmen mit Namen und die Menschen mit Bezug, die ich mir in den vergangenen Tagen vertraut gemacht habe, in den vergangenen Tagen wieder verabschieden musste. So ist es auf der Reise. Ich reise entgegen der Jahreszeiten und schwimme deshalb gegen den Strom. Begegnungen weilen ein paar Stunden, manchmal ein paar Tage, dann reise ich entgegen der Masse in Richtung Süden, in Richtung Winter.

Das bringt Kälte mit sich.

Draußen hupt, lärmt und leuchtet La Paz. In meinem Zimmer schweigt die Stehlampe. Eine kleine Welt in der großen, die sich zwei Stockwerke tiefer abspielt. Umgeben von zwei Millionen Menschen und dennoch allein. *Wie vielen es wohl genauso ergeht? Wie viele können verbergen, was man selbst nicht ignorieren kann?* Dass die Stimmen des Herzens traurige Lieder singen. Dass die traurigen Stimmen des Herzens gleichgültig machen. Die Traurigkeit verniedlicht selbst die größte Armut, weil die eigene Schwermut zuerst in den Arm genommen werden möchte. Heute bin ich blind für das Gute in meinem Leben. Die Welt um mich herum, oder vielmehr meine innere Welt, scheint derart zerbrochen, dass ich glaube, sie könne sich nicht weiter zerteilen. Die Melancholie malt alles schwarz. Ich bin mir fremd – ich fremdes Ich.

Von der Straße ertönt Kinderweinen über alle Oktaven und schreit mir aus der Seele. Wie befreiend! Und scheint fast verlernt.

Das Mädchen geht die Treppe hinab. Unten angekommen versucht es, die Tastatur für sie weinen zu lassen. Doch sie findet keine Worte. Sie träumt nur von einem besseren Morgen, an dem die Stadt ihrem Namen gerecht wird:

La Paz – der Frieden, schreibt sie.
Ich bin hier!
Und wo bist du?
Du lebst doch hier.
Warum bist du abgereist?
Ich erwarte dich.
Ich warte auf dich!

21. Mai 2010

Über das Nicht-Schreiben

Ich möchte aufschreiben, was mich innerlich umtreibt, aber mein inneres Nachschlagewerk ist mit leeren Seiten gefüllt und die Buchstaben auf der Tastatur lassen mich zur Analphabetin werden. Es sind nur noch kleine gedruckte Zeichen auf Tasten, aus denen ich weder Gefühle, noch Geschichten entwerfen kann. Stumm und leblos schauen sie mich an und stumm und leblos schaue ich zurück.

Ich finde keine Worte.

Mein Seelenleben erbricht nur sinnlose Bruchstücke. Kaum niedergeschrieben, lösche ich die Buchstaben und ersetze sie durch neuen Nonsens. Das Schreiben ist heute ein Radieren. Ich gebe auf. Die Absicht, zu einer bestimmten Zeit schreiben zu wollen, ist wie die Idee, einen Zufall zu planen.

Die Worte müssen auftauchen, ohne dass ich nach ihnen suche. Sie müssen mich überraschen, da ich sie nie zuvor gedacht habe. Sie müssen mir so sehr gefallen, dass ich mich schon während des Schreibens auf das Lesen der nächsten Seiten freue, die noch nicht existieren. Sie müssen derart aus mir heraussprudeln, dass sie meine Finger im Tippen überfordern und mich beim zweiten Lesen mitreisen, als hätte ein Unbekannter sie verfasst. Sie müssen auftauchen und dann muss ich mir Zeit nehmen, sie niederzuschreiben.

Wenn die Leere keine Fülle ist, ist die Zeit zum Schreiben nutzlos. Dann findet nur die Leere ihren Weg auf das Weiß des Papiers und obwohl ich dieses Wort nicht niederschreibe, ist das Weiß weiß genug, um ihren Inhalt auszudrücken.

Lehren der Leere

Die Stadt und ich erwachen im selben Moment. Der Stuhl, auf dem sich gestern die Einsamkeit breit machte, ist heute leer. Ich bin wieder allein und nicht mehr einsam.

Ich reiße das Fenster auf und als die frische Morgenluft den Raum durchströmt, entlädt sich die Fülle der Töne in meinem Zimmer. Der Blick aus dem Fenster schenkt mir mein Vokabular zurück. Leise Bewegungen von Bleistift auf Papier ertönen zur frühen Stunde in der Stille meines Zimmers. Das Weiß des Papiers verlischt mit jeder weiteren Zeile und weiß mit immer weniger vorhandenem Weiß immer mehr zu berichten. Und mit dem Beschreiben der gestrigen Leere beginne ich zu staunen, wie viel sie enthält.

Es sind die Lehren der Leere:

Gestern hat mich das Fernweh hängen gelassen, obwohl ich schon da bin, wo es mich haben möchte. Doch heute weiß ich: Das Heimweh kann mich erst in der Ferne einholen. Erst das Heimweh hat mir aufgezeigt, wie weit weg ich bin. Dass ich *wirklich* weit weg bin und dass das Internet die Nähe nur vortäuscht. Es hat mich gequält, aber durch seine Leiden aufgezeigt, wie wertvoll die Heimat ist.

Heimweh kann man nur haben, wenn man eine Heimat hat. Heimat ist, wo man Schönheiten entdeckt, die andere nicht sehen können, wo Erinnerungen schlummern, die niemand nehmen kann, wo Menschen warten, die unersetzlich sind. Heute weiß ich, dass sich tief im Heimweh eine existenzielle Dankbarkeit verbirgt.

Dass alles vergänglich und unbeständig ist, bemerkt man auf Reisen stärker als im Alltag. Erst wenn ich die Vergänglichkeit und die Unbeständigkeit zu Freunden erkläre, verwandelt sich die Unbeständigkeit in einen Würfel des Plans und die Vergänglichkeit in die Chance. Solange ich das nicht begreife, werde ich eine Feindin der Vergänglichkeit bleiben, obwohl ich eine Freundin der Erinnerung sein könnte.

Wenn ich dem Leben vertraue und aufhöre stets anderes zu fordern, bekomme ich das Beste, was ich erhalten kann. Denn jedes Wünschen und jedes Sehnen trennt von der Gegenwart. Nur wer das Jetzt mit allen Facetten annimmt, bewahrt den Kontakt zur Wirklichkeit.

Außerdem versetzt jede Empfindung einen Stoß ins Sein und ist wertvoller als eine Taubheit oder Monotonie, die auf der Bandbreite der Emotionen nicht spazieren geht, sondern in Gleichgültigkeit verharrt. Das Schöne am Leben ist doch seine erfahrbare Vielfalt!

Während sich Seite für Seite mit dem Grau des Bleistifts füllt, malt sich La Paz wieder bunt an. Die quirlige Lebendigkeit der Stadt setzt sich fort, als wäre sie niemals leblos gewesen und an diesem Morgen weiß ich: Sie ist es nie gewesen! Wenn die innere Welt sich in grau kleidet, kann die äußere niemals farbig sein. Ihr *Großstadt-Orchester* stimmt ein und aus dem monotonen Motorentakt entsteht die vertraute südamerikanische Stadtmelodie. Die Menschen erhalten Gesichter und das gestrige Standbild setzt sich in Bewegung.

Wie immer ist die Außenwelt mein Spiegel: Sie ist nur so lebendig, wie ich es bin. Sie ist nur so schön, wie viel Schönheit ich ihr beimesse und wenn ich mit mir nicht in Frieden bin, kann ich selbst die friedlichste Stadt nicht entdecken.

La Paz, der Frieden.

Schön, dich endlich zu treffen!

Unterwegs. Ankommen.

Auch beim Unterwegssein geht es immer um das Ankommen. Auf Reisen bin ich immer eine Fremde, die in unbekannte Gesichter schaut. Stets verloren im namenlosen Labyrinth eines neuen Ortes, trage ich nie mehr Geborgenheit bei mir, als meine Gedanken und der Inhalt meines Rucksacks bieten können. Die Fragen, die ich im Kopf trage, muss ich selbst beantworten; die Ängste, die mich einschüchtern, eigenständig besänftigen.

Jeder Reisetag wirft mich stets auf mich selbst zurück.

Ich bin immer im Gespräch mit mir – mal im Streit, mal im stillen Einverständnis. Manchmal möchte ich vor mir selbst davonlaufen, mich manchmal *in* und manchmal *auf* den Arm nehmen. Manchmal, um mich selbst nicht so ernst zu nehmen und manchmal, weil alles so schwer erscheint, dass ich mich tragen muss. Aufgrund der steten Weiterreise erwartet mich nirgends Zuflucht, außer in mir selbst.

So versuche ich, ein tragbares Zuhause zu errichten, das mir Unterschlupf und Wärme schenkt, wenn ich diese anderswo nicht finde. Das Material bilden alle Schätze und Steine, alle Erfahrungen und Begegnungen, alle Geschenke und Herausforderungen und alle Momente und Emotionen, die mir auf der *Reise* begegnen. Sie sind mein Schutz und meine Hülle, meine Begleitung und meine Fülle. Damit mein Zuhause leicht und tragbar bleibt, sind alle Bausteine immateriell.

Ich setze Stein auf Stein, muss Lücken lassen, damit Licht einfällt, die Fenster regelmäßig putzen, um den Blick nach außen nicht zu verlieren, darf den Schornstein nicht vergessen, damit Verbrauchtes mich nicht erstickt. Türen für Besuch einrichten und Schlösser einbauen, um auch mal für mich allein zu sein. Spiegel anbringen, um zu reflektieren, regelmäßig lüften, damit ein frischer Wind weht.

Immer weitergehen, damit ich nicht stehen bleibe,
immer mal stehen bleiben, damit es weitergeht.

Auf diese Weise bin ich unterwegs, aber komme bei mir selber an.

Und stelle fest, dass ich so weit gereist bin, um fern der Heimat mein Zuhause zu finden, denn: Nur die Heimat ist an einen Ort gebunden, zu Hause kann ich immer und überall sein, wenn ich ganz bei mir bin.

Die beste Erkenntnis meiner Reise

»Mit leerer Hand kommst du, mit leerer Hand gehst du. Und zwischen Nichts und Nichts bist du verrückt genug zu glauben, etwas zu besitzen.«

Osho

Am 30. Juni darf ich nur dreiundzwanzig Kilogramm mit über den Ozean zurück nach Deutschland nehmen. Für sechseinhalb Monate auf einem anderen Kontinent bietet das gerade genug Raum für das Nötigste – für die Dinge des alltäglichen Gebrauchs. Für Gegenstände hingegen, die mich später an besondere Orte oder Momente erinnern könnten, lässt mein Rucksack keinen Platz. Sie muss ich in einer anderen Form bewahren: In den Schränken meiner Gedanken, in den Falten meines Herzens, den Windungen meines Gehirns oder in den Schubladen meines Kalenders, der mich später an das Heute erinnern kann. Das sind die Taschen meiner Seele, die alles speichern, was nicht greifbar, aber wirklich wertvoll ist.

Doch viel zu oft bleibt mein Körper an den irdischen Verlockungen hängen wie ein Magnet am Metall. Ich weiß, dass das Leben keine Taschen hat und ertappe mich doch immer wieder bei dem Versuch, sie zu füllen. Hier ein kleines Andenken, da ein Souvenir; hier noch ein Foto und da schnell eine Adresse austauschen. In der Tiefe seines Herzens ist der Mensch wohl ein Messie. Er klammert und klebt sich so sehr an das Hier und Jetzt, dass er sich damit der Leichtigkeit des Seins beraubt.

Auch ich möchte die Erlebnisse meiner *Reise* in irgendeiner Form festhalten, weil sie so wertvoll sind. Aber manchmal halte ich mich so sehr daran fest, dass ich damit mein Weitergehen hindere. Mit den gedanklichen Fäden, die ich spinne, lege ich mir selbst die Fesseln an und beschwere meinen Weg.

Das Leben scheint so schwer, dabei könnte es so leicht sein,
würde ich weniger Gepäck und Ballast aufladen.
Zu leben scheint so schwierig, dabei könnte es so einfach sein,
wäre ich einfach mal einfach.

Erst der begrenzte Raum des Rucksacks zwingt mich zur Einsicht: Allmählich verstehe ich, dass ich mich nicht an Orten, Erlebnissen oder Menschen festhalten darf, sondern das mit ihnen verbundene Gefühl bewahren sollte. Denn Orte lasse ich hinter mir, Erlebnisse vergehen und Menschen reisen weiter. Es geht nicht darum, Substanz aufzunehmen, sondern der stofflichen Welt ihren immateriellen Wert zu entnehmen!

Alles ist vergänglich. Die Schätze des Weges sind kein Besitz. Sie sind die Blumen am Wegesrand, die auch für andere blühen sollen. Wenn ich sie pflücke, verwelken sie, wenn ich mich an ihnen erfreue, leuchten wir!

Der begrenzte Raum meines Reiserucksacks steht symbolisch für das begrenzte Dasein. Ich begreife, dass die wahren Souvenirs die Erinnerungen sind. Sie bebildern die Wände meines Zuhauses, kleiden mich von innen und leuchten meinen Wohnraum aus. Alle Erfahrungen und Erlebnisse, in den Taschen meiner Seele wie ein Messie gesammelt, spiegeln mein Wesen wider. Wer in meine Augen sieht, sieht ein bisschen das, was ich während der *Reise* erleben durfte.

Dass das Sammeln immaterieller Momente viel leichter ist, aber wesentlich schwerer wiegt, ist wohl die beste Erkenntnis meiner Reise. Denn das Substanzlose erschwert den Rucksack nicht, aber bereichert die Seele.

Reisen bedeutet, leben lernen.
Das Leben selbst als Reise zu begreifen.
Denn die kleine Reise ist ein Sinnbild der großen Reise.

21 Stunden

Ich sitze auf einer Bordsteinkante am Straßenrand von La Paz und habe Hunger. Aber der Appetit auf mein Frühstück vergeht schnell – hier stinkt es nach Müll und Urin. Ich packe es wieder ein, dafür Zettel und Stift aus und schieße mit dem Bleistift eine bolivianische Momentaufnahme:

Es ist ein sonniger Morgen. In einer der vielen steilen Gassen der Stadt wird unmittelbar vor mir ein alter, mit halbnackten Frauen lackierter Bus, mit der recht ungewöhnlichen Gepäckmischung von Einheimischen und Touristen beladen: Bunte Säcke, einfache Plastiktüten und vereinzelte Möbelstücke neben den Rucksäcken der Backpacker. Was im Kofferraum keinen Platz mehr findet, landet auf dem Dach.

Die wartenden Personen halten ihr Handgepäck fest umschlungen und verkneifen die Augen vor der blendenden Sonne. Mütter wickeln ihre Kinder, ehe sie sie in die typisch bunten Tücher auf ihren Rücken binden, andere kauern halbschlafend neben mir am Straßenrand.

Autos und Busse eilen über die Hauptstraße, während in der Nebenstraße die Langsamkeit Einzug hält: Alte Männer ziehen alte Karren mühselig bergauf. Die meisten Bolivianer frühstücken vor der Abfahrt noch genüsslich in den kleinen Straßenküchen, was ich kaum zum Mittagessen herunter bringen könnte: Allerlei Deftiges und viel Fleisch – wie immer hat man von dem Tier nicht viel entsorgt. Andere Straßenstände verkaufen, was man auf der achtzehnstündigen Fahrt nach Rurrenabaque gebrauchen könnte: Von Toilettenpapier bis zum begehrten Hühnchen ist alles Vorstellbare und Unvorstellbare vorhanden. Wir alle warten, dass der Bus fertig geladen ist und die Unpünktlichkeit den Punkt der Abfahrt endlich erreicht.

Erste Abfahrt. Etwa eine Stunde nach der planmäßigen Zeit ist es so weit: Alle Passagiere sitzen auf ihren Plätzen und auch unser Fahrer kann es scheinbar kaum erwarten: Pausenlos betätigt er das Gaspedal im Leerlauf, sodass hinter dem offenen Fenster schwarze Abgase auf- und als blinde Passagiere zu uns in den Bus einsteigen.

Was bislang ohnehin schon typisch südamerikanisch ist, wird nun noch typischer: Der Bus fährt zehn Meter, der Bus hält, die nächsten Passagiere steigen zu. Der Bus fährt fünfzig Meter, der Bus hält, die nächsten Passagiere steigen zu. Der Bus fährt und hält so lange, bis alle Plätze belegt sind und sowohl meine Geduld als auch mein Sinn für Humor kaum länger strapaziert werden können.

Beim letzten Halt taumelt unter den Einheimischen schließlich eine verlorene Seele zwischen den beiden Sitzreihen umher und steuert – zwar nicht geradlinig, aber zumindest zielstrebig – den noch freien Platz neben mir an. Und während der Fremde ganz offensichtlich ein Alkoholproblem hat, habe ich schnell eins mit seinem Geruch – *zum Glück soll die Fahrt nur achtzehn Stunden dauern...*

Seit der vorgesehenen Abfahrtszeit sind nun fast zwei Stunden vergangen und wir haben noch immer keine nennenswerte Distanz zurückgelegt. Im Gegenteil: Ich habe das Gefühl, wir müssten den Berg eher rückwärts herunterrollen, als vorwärtszukommen, denn der Fahrer benötigt an den steilen Abhängen eine Unmenge an Zeit, um einen anderen Gang einzulegen.

Nur wenige Kilometer später noch ein Halt: Dünne Eisenstangen stützen einfache Wellblechdächer, unter denen auf einem winzigen Herd in riesigen Töpfen Pommes frites, Hühnchen und

Mais frittieren. Dahinter stehen kräftige Frauen und preisen in einer Schnelligkeit, die im Gegensatz zu unserem Fahrtempo steht, schon in Tüten abgepackte Mittagessen an. Sie alle müssen die gleiche Schule genossen haben, denn sie schreien in der gleichen hohen Stimmlage, der gleichen aufdringlichen Lautstärke und in der gleichen farbenfrohen Tracht identische Worte zu uns Passagieren hinauf und reichen die Mahlzeiten durch die Busfenster. Die Getränke werden in den Bus getragen. Sie hängen zusammen mit Maiskolben, Süßigkeiten und Toilettenpapier an Kleiderbügeln, die die Gesichter meiner Mitfahrer streifen.

Aufregendes Südamerika! Szenen, die ich gedanklich selbst mit der größten Vorstellungskraft nirgends in einen deutschen Alltag eingliedern kann.

Zweite Abfahrt. Wir fahren weiter und kommen auch dieses Mal nicht merklich voran. Der Fahrer muss noch tanken. Hätte ich mich für das Flugzeug entschieden, welches die 450 Kilometer lange Strecke zwischen La Paz und Rurrenabaque in vierzig Minuten überwindet, könnte ich mittlerweile einmal dort gewesen und schon wieder zurück in La Paz sein.

So bin ich halt noch immer hier... und seit der Abfahrt geschätzte fünf Kilometer gefahren, gefühlte zehn zurückgerollt. Dennoch möchte ich dieses Erlebnis, das für alle anderen ein ganz gewöhnliches ist, für keine Zeit der Welt missen. Sie freuen sich nach dem Frühstück am Straßenrand nun über ihr Mittagessen. Zeit ist unwichtig – ein voller Bus ist wichtig! Essen ist wichtig! Tanken ist wichtig!

Dritte Abfahrt. Zum wiederholten Male heult der Motor laut auf, als sende er ein verspätetes Startsignal in die Berglandschaft, und wieder winken schwarze Wolken hinter dem Fenster. Dann fahren wir endgültig los. Noch beschwerlicher, denn nun belastet auch noch ein voller Tank. Sogar die LKW-Fahrer überholen uns und winken uns, oder den halbnackten Frauen auf der Außenwand, lächelnd zu, während weiße Tauben unseren Weg begleiten und in mir ein Gefühl von Frieden entfachen.

Hinter dem ersten Pass lauern dicke Wolken. In sie tauchen wir ein und dann stundenlang ab. Sie hängen in den tropischen Wäldern der Berghänge fest, die sich der Bus auf unendlichen Serpentinen quietschend und wackelnd herabbremst – vertrauenswürdig ist das Ganze nicht!

Grün, wohin mein Blick fällt.

Unbewohntes Land.

Oh Welt, wie schön du bist...

...von dem Abgrund unmittelbar neben mir einmal abgesehen.

Unser Weg ist keine Straße, sondern ein sandiger, von Löchern und Furchen übersäter Feldweg, der eigentlich nicht ausreichend Platz für zwei Fahrzeuge nebeneinander bietet. Die bolivianischen Busfahrer sehen das aber anders und entscheiden sich für Linksverkehr. So haben sie die Reifen nahe des oft mehr als zweihundert Meter tiefen und unbefestigten Abhangs besser – nur leider nicht immer gut genug – im Blick.

Ich sitze hinten links. Ziemlich genau neben dem steilen Abgrund, ziemlich genau über dem Hinterreifen und spüre jedes Schlagloch und jede Vertiefung – schmerzvoll und verängstigt. Und manchmal, wenn der Reifen aufgrund von Erdrutschen keine Fahrbahn mehr unter sich birgt, rutscht mit der Erde auch mein Herz in die Tiefe.

Alles, was still stehen kann, bleibt in diesem Augenblick still stehen: Die Gedanken, mein Atem, die Welt. Das Gefühl der Angst verzerrt die Zeit. Die wenigen Sekunden, in denen die anderen drei Reifen versuchen, den vierten kraftvoll aus der Kuhle zu befördern, erscheinen wie eine Ewigkeit. Und eine Ewigkeit bietet Zeit genug für ein paar Stoßgebete als Eilmeldung, während mein Leben im allerwahrsten Sinne des Wortes auf der Kippe steht. So große Todesangst, so große Angst, mein Leben zu verlieren, hatte ich noch nie!

Schließlich bewegt sich der Bus weiter und mein Herz holt die verpassten Schläge und noch ein paar mehr auf, als sich auch in den Reihen um mich herum leise Erleichterung breit macht. So abgeklärt sind die Bolivianer dann doch nicht. Wir hängen alle an unseren Leben. Nur neben mir ist es still. Mein Sitznachbar schläft auch Stunden später seinen Rausch aus, verharrt regungslos, lehnt sich schlafend nur manchmal zu nahe an die Nachbarin, die nach Nähe nicht verlangt. Ich schiebe ihn wieder zurück. Würde sein alkoholisierter Atem nicht den Weg in meine Nase finden, wüsste ich nicht, ob er noch am Leben ist. Er verpasst die Schönheiten dieser Welt, genauso wie die Gefahren, in denen wir hin und wieder schweben, während er in ganz anderen Sphären unterwegs ist. Es ist auf jeden Fall eine raffinierte Strategie, jene Momente seelenruhig zu überstehen. *Wahrscheinlich ist er die Strecke schon öfter gefahren...*

Neben den Stunden zieht auch der Bus ins Land und versieht die Pflanzen am Wegesrand beharrlich mit einer weiteren Schicht Sand und Erde. Gemeinsam mit dem aufgewirbelten Staub der sandigen Piste und den dunklen Abgasen, dringt immer schwülere Luft durch die offenen Fenster. Wir alle legen immer mehr Kleidung ab. Nur einer sitzt teilnahmslos mit Winterkleidung im Sommer und verschläft den Wechsel der Vegetation und Jahreszeit. Irgendwann, vielmehr irgendwo, taumelt mein Nachbar – zwar nicht geradlinig, aber zumindest zielstrebig – aus dem Bus.

Dann ist es schnell Nacht und die Welt hinter dem Fenster dunkel. Die *Selva* ist unbewohnt. Kein Licht erhellt die Finsternis. Doch Schlafen ist unmöglich, Sitzen kaum noch erträglich. Alles schmerzt und es verbleiben kaum Variationen, die Position zu wechseln. Mein enger, durchgesessener Platz erfordert mehr Sitzfleisch, als ich mir auf den vielen Busfahrten in den vergangenen Monaten antrainiert habe. Ich zähle die Stunden. Der tropische Regen leistet mir Gesellschaft, indem er sein Lied auf den Bus trommelt. Erst zögerlich, dann ungestüm und schließlich sogar in die alte Klapperkiste hinein. Die vorgesehenen achtzehn Stunden sind vorüber, aber ich bin noch immer nicht am Ziel, dafür längst am Ende. Drei Mal zähle ich achtzehn – nach einundzwanzig Stunden erreichen wir in den frühen Morgenstunden endlich Rurrenabaque.

Der Ort duscht unter einem heftigen Mairegen, während unsere bunten Säcke, die einfachen Plastiktüten und vereinzelten Möbelstücke sowie die Rucksäcke der Backpacker bereits ein Bad während der Fahrt genommen haben. Reiseführer, Tagebuch, Kleidung – mein gesamtes Gepäck ist vollkommen durchnässt. Das stört mich heute nicht, denn unter der klammen Kleidung trage ich die Dankbarkeit in meinem Herzen: Ich bin angekommen. Der Rest ist nur der Rest und der Rest ist mir an diesem Morgen egal.

Im Garten der Tiere

Ein Hauch des Dschungels prägt das Flair von *Rurre*, wie die Einheimischen den Ort nennen: Der 1.600 Kilometer lange Río Beni, der den mächtigsten Nebenfluss des Amazonas, den Río Madeira speist, küsst die Kleinstadt im Tiefland von Bolivien.

An den Bootsanlegern des Hafens entladen Urwald-Campesinos tropische Früchte und die Guides verschiedener Veranstalter beladen die Jeeps für die Touren in das Umland. Aufgrund der umliegenden Flüsse, Regenwälder und Sumpfgebiete ist Rurrenabaque ein beliebter Ausgangspunkt für touristische Ausflüge. Und so beginnt zwei Stunden nach der einundzwanzigstündigen Fahrt bereits die nächste.

Geführt von José, der in dieser Gegend aufgewachsen ist, fahre ich zusammen mit zwei Belgierinnen, zwei Brüdern aus Québec, einem argentinischen Paar und einem abenteuerlustigen Rumänen in die *Pampas.* Das *bolivianische Sumpfgebiet* eignet sich wegen seiner weitläufigen Ebene besonders gut für Tierbeobachtungen.

Mit einem vollgepackten Jeep durchqueren wir auf einer nicht asphaltierten Straße weites Wiesenland, in dem lediglich hin und wieder hageres Vieh am Wegesrand auftaucht. Außer roter Erde, außer Wiese und Vieh gibt es nichts. Auch nichts zu erzählen. Alle sind müde, denn allen sitzt eine ermüdende Busfahrt in den Knochen. Nach drei Stunden wechseln wir erneut das Transportmittel: Wo die Straßen der Welt verebben, steigen wir vom Jeep ins Boot und fahren den Río Yacuma flussaufwärts.

Wurzelgeflechte säumen das Flussbett und bezeugen, dass der Wasserspiegel in der Regenzeit fast vier Meter höher liegt. Der braune Fluss ist ein Geheimnis. Jede Welle zeugt von der Lebendigkeit unter seiner undurchschaubaren Oberfläche. Rosa Flussdelphine lassen für wenige Sekunden ihre Rücken blicken, Kaimane liegen reglos am Ufer und wirken in ihrer Starre beinahe unecht, große Spinnen sind blinde Passagiere an Bord, bunte Schmetterlinge tanzen den Schildkröten auf der Nase herum und am Ufer rasten mehrere Capybara-

Familien. Kraniche, Fischadler und Jabirus fliegen über dem Fluss, gelbe Kapuzineraffen konkurrieren mit den farbenfrohen Vögeln um die Baumkronen. Ihr Flügelschlag ist der einzige Laut in dieser stillen Welt. Sie scheint so leblos und so lebendig zugleich. Ich fühle mich wie in einem Zoo – nur ohne Zäune.

Capybaras: Die Wasserschweine sind die größten Nagetiere der Welt

Überall sind Kaimane zu sehen

Mitten im Nichts kommen mir auf einem Boot plötzlich die beiden Französinnen entgegen, die ich in Cusco kennengelernt habe. Doch mehr als ein Winken können wir nicht austauschen – wir fahren aneinander vorbei und in entgegengesetzte Richtungen weiter. Nach drei Stunden erreichen wir unser Camp, das unmittelbar am Flussufer liegt.

In der Dunkelheit fahren wir noch einmal los: José lässt das Boot ohne Motorantrieb auf dem Yacuma treiben, in dem die orange leuchtenden Augen der Kaimane im Licht der Taschenlampen reflektieren und schwarze Schatten in der Luft schweigend ihre Bahnen ziehen. Auch wir schweigen und saugen die geheimnisvolle Atmosphäre dieser fremden Welt auf.

Zurück im Camp ertönt von überall das Zirpen der Grillen, das Quaken der Frösche und die Moskitos summen so laut, als wäre es die Gegend selbst, die uns ein monotones Nachtlied singt. Das hat etwas Meditatives.

Nur Moskitonetze trennen zwischen drinnen und draußen – eigentlich schlafen wir mitten in der Natur. Wenngleich es untypisch kalt für diese Jahreszeit ist, ist die Luftfeuchtigkeit typisch hoch: Die Kopfkissen und Leinentücher sind feucht, unsere Rucksäcke unverändert nass und die klamme Kleidung klebt so eng an mir, wie man die acht Betten unseres Zimmers aneinander reihte. Doch ich bin ohne Empfindungen für die klammen Stoffe. Nach einer schlaflosen Nacht, dreißig Stunden Sitzen und unzähligen neuen Eindrücken, bin ich müde und erschöpft. Das Moskitonetz über meinem Bett liegt sinnbildlich zwischen mir und der Welt. Schnell versinke ich in einen tiefen Schlaf.

An den kommenden Tagen erkunden wir per Boot und zu Fuß die Gegend. Wir beobachten weitere Tiere, angeln Piranhas, können im Fluss baden und suchen nach Anakondas, die sich bei dieser Witterung jedoch in den Erdlöchern verstecken.

Ich lasse mir den Wind um die Nase wehen, der lange Zeit niemanden berührt haben kann. Weit weg von allem und jedem, erscheint mir die Welt sehr einsam. Es ist ein verlorenes Stück Land. Eine unwirkliche Gegend, so als seien wir durch eine Tür gegangen, hinter der sich am Rande der runden Erde noch ein Anhängsel versteckt. Die endlos hohen Wiesen und die erdig braunen Flüsse scheinen für nichts zu nützen, außer ein paar Touristen in dieser Gegend herumzuführen, damit sie zumindest etwas Geld abwirft. Sie ist gewachsen, wie ein verwilderter Garten, den nur die Tiere ihr eigen nennen möchten, weil es hier nichts gibt, außer dem Nichts und außerdem: Vor allem keine Menschen.

Die Tage vergehen langsam und ruhig. Das tut der Seele von Reisenden gut. Auszeit. Vom Unterwegssein, vom Planen, von allem. In dieser Gegend sogar von der Welt. In den Städten und beim Reisen rufen die Ecken und Kanten, und die Laute und Details fordern, dass ich nach ihnen suche. Hier ist das anders. Ohne schlechtes Gewissen lässt die grüne Leere der sumpfigen Pampas mich einfach mal in Ruhe sein, ohne mehr zu fordern.

Parque Nacional Madidi

Zurück in Rurrenabaque beschließt die Hälfte unserer Gruppe, sich von José in zwei weiteren Tagen durch einen anderen Teil des *Parque Nacional Madidis* führen zu lassen.

Der Nationalpark Madidi, der seit dem Jahr 1995 unter Naturschutz steht, erstreckt sich auf Höhenlagen zwischen 180 und knapp sechstausend Meter über vier Ökosysteme: Vom Hochgebirge über den Nebelwald und tropischen Regenwald bis zur Pampa. Diese Vielzahl an Lebensräumen erklärt, warum dieser Nationalpark einer der artenreichsten der Welt ist. Es sollen fast fünftausend Pflanzenarten und rund 1.400 Arten von Wirbeltieren existieren.

Nächster Tag, anderer Fluss: Eine andere Richtung führt uns in den tropischen Regenwald, der unmittelbar hinter *Rurre* beginnt und den Río Beni auf beiden Seiten mit einem grünen Dickicht umgibt.

Die vereinzelten Hütten am Ufer des Cañon de Bala sind auf Stelzen errichtet, Wolken trennen die grüne Unendlichkeit in ein Oben und Unten und nur gelegentlich ziehen ein paar Kanus an uns vorbei. Der Flussverkehr ist hier, was andernorts das Straßennetz ist – nur nahezu ohne Verkehr.

Wir biegen vom Río Beni auf den noch unbefahreneren Río Tuichi ab und haben nach etwa vier Stunden wieder festen Boden unter den Füßen. José weiß genau, welches Tier sich hinter welchem Geräusch verbirgt – wir hätten es oft nicht einmal wahrgenommen. Er zeigt uns turnende Affen, grunzende Wildschweine, verschiedene Vögel und Spinnen, bunte Falter sowie andere große Insekten und führt uns zu einem Aussichtspunkt, von dem wir einen spektakulären Blick über den grünen Regenwald, die braunen Flüsse und die umliegende Bergwelt haben.

Gegen siebzehn Uhr kehren die rot-grünen Aras mit einem lauten Krächzen in ihre Höhlen in der Steilwand zurück und schon eine Stunde später schaltet die Sonne ihr Licht aus.

Bevor wir in unsere Zelte kriechen, frittieren wir die geernteten Kochbananen über offenem Feuer, genießen die Abgeschiedenheit der Welt, lauschen der lebendigen Stimme des Amazonas und bestaunen die Fülle des Sternenmeers, während der Vollmond als großer Ballon an das Firmament wandert und sich im Río Tuichi spiegelt.

Am nächsten Morgen brüht José aus dem Flusswasser Kaffee auf, das schon ohne die Zugabe der Bohnen braun ist. Er schmeckt wie immer und doch bin ich gespannt, ob wir genauso abgebrüht sind oder den Tag auf der Toilette verbringen müssen, die es hier nicht gibt. Dann begeben wir uns auf die Spuren eines Jaguars und schwingen uns mithilfe von Lianen über kleine Sümpfe, während José über das Leben und Überleben im Urwald erzählt. Er weiß genau, mit dem Holz welcher Baumarten man Häuser errichtet, welches Blatt gegen die juckenden Moskitostiche hilft, welche Baumsäfte trinkbar und welche Pflanzen essbar sind. Dieses Wissen wird mündlich von Generation zu Generation getragen. »Gegen jede Krankheit ist ein Kraut gewachsen«, sagt er und zeigt uns die Heilmittel, aber auch die giftigen Pflanzen, die sich oft zum Verwechseln ähnlich sehen. Gift und Arznei liegen im Dschungel genauso nahe beieinander wie in unserer Medizin – aber die Menschen hier können wahrscheinlich besser zwischen ihnen unterscheiden.

»Wir erbitten immer die Zustimmung der Natur, bevor wir säen, ernten oder jagen«, sagt José, »denn unsere Weltanschauung beruht auf der Verbindung zur Natur. Der Wald atmet und ist von Geistern und den Seelen der Verstorbenen bewohnt. Die Harmonie bewahren wir mit Riten und Zeremonien.« Während die Naturvölker sich in eine größere Ordnung von Natur und Kosmos einbetten und die Erde mit ihren natürlichen Ressourcen als geliehen betrachten, damit diese auch zukünftigen Generationen zur Verfügung stehen, ist der Handel von Grund und Boden und mit allem anderen der Motor unseres Systems.

Mit diesem fahren wir zwar schneller, aber dafür gegen die Wand.

Wir fahren weiter, aber kommen nicht mehr an.

Jener Motor macht viel Lärm um nichts und übertönt das leise Weinen einiger weiser Menschen, die ihre Ideologien stillschweigend ausführen. Hier leben die Menschen noch im Einklang mit der Natur und ich hoffe, der Raubbau an der Natur, raubt ihnen nicht die Kultur.

Alle Dinge sind miteinander verbunden

»Wir wissen, dass die Weißen unsere Art nicht verstehen. Ein Teil des Landes ist für sie wie der andere, denn sie sind Fremde, die in der Nacht kommen und von dem Land nehmen was sie benötigen (...) und wenn sie die Erde erobert haben, ziehen sie weiter. Sie lassen die Gräber ihrer Väter hinter sich und schenken ihnen keine Aufmerksamkeit mehr. Sie stehlen ihren Kindern die Erde. Sie machen sich nichts daraus. (...)
Dieses wissen wir: Die Erde gehört nicht den Menschen; der Mensch gehört der Erde. Dieses wissen wir: Alle Dinge sind miteinander verbunden wie das Blut, das eine Familie vereint. Was immer der Erde widerfährt, widerfährt auch den Kindern der Erde. Der Mensch hat nicht das Gewebe des Lebens geschaffen; er ist in ihm lediglich eine Faser. Was immer er diesem Gewebe antut, tut er sich selbst an.«

Auszüge aus der neuen Version der Rede des Häuptlings Seattle von 1970/71

Gegen Mittag fahren wir zurück nach Rurrenabaque und als das kleine Dorf auf der rechten Seite des Río Beni auftaucht, empfinde ich sogar die Langsamkeit der hier lebenden Menschen als schnell. Fast eine Woche erfolgte das Leben fernab der Zivilisation aus einem kleinen Rucksack und nach dem Rhythmus der Natur. Eindrucksvoll führte mir diese Zeit den Überfluss vor Augen, in dem ich für gewöhnlich lebe und zugleich so oft am wahren Leben vorbei lebe. Ich habe in keinen Spiegel geschaut, lebte ohne Strom und ohne Internet. Meine Welt reichte nicht über das hinaus, was meine Augen erblickten. In Sekundenschnelle mit den Worten nach Europa reisen und in Erfahrung bringen, was hinter meinem Horizont passiert, war ausgeschlossen. Dieses ausschließliche Hier-Sein, ließ mich ganz im Jetzt sein. Manchmal bemerkt man erst, wie oft man im Alltag woanders ist, wenn man plötzlich nicht mehr woanders sein kann. Die ständigen E-Mails, Kurznachrichten und Anrufe unterbrechen ununterbrochen das Sein. Erst die Unerreichbarkeit stiftet eine Ruhe, die meine Generation eigentlich nicht mehr kennt. Sie fühlt sich unglaublich friedvoll an.

28. Mai 2010

Zwischen Himmel und Erde

Noch am selben Abend reise ich zurück nach La Paz.
Nicht mit dem Bus – mit dem Flugzeug.
Nicht in einundzwanzig Stunden – in vierzig Minuten.
Nicht mit Abgrundangst, sondern mit Aufstiegschance.
Von 172 auf 4061 Höhenmeter.
Vom Regenwald zurück in die Anden.

Als mich *Rurre* vor fünf Tagen mit strömenden Regen begrüßte, war der Ort kühl und grau. Im Augenblick des Abschieds badet er unter einem blauen Himmel im warmen, orangefarbenen Licht der untergehenden Sonne.

Der Flughafen besteht aus einer erdigen Landebahn, die von Palmen, Wiesen und Urwald umsäumt ist. Ebenso minimalistisch ist die kleine Maschine: Sie kann nur etwa zwanzig Personen befördern und ist heute nicht einmal zur Hälfte besetzt. Keine Warteschlange, kurzer Check-In, pünktlicher Abflug.

Wir heben ab und lassen die untergehende Sonne noch einmal aufgehen, während sich der braune Río Beni in immer größerer Tiefe seinen kurvenreichen Weg durch die üppige grüne Welt schlängelt. Es ist ein herrlicher Anblick und ein unbeschreiblicher Ausblick. Sonnenspiele. Schattenspiele. Lichterwelten. Das Flugzeug tanzt unter dem farbenreichen Himmel, während mir die Endlosigkeit des Amazonas die unermessliche Schönheit dieser Welt offenbart.

Ich kann einfach nicht begreifen, dass der Mensch der grünen Lunge unserer Erde schon ein so großes Stück amputiert hat. Er lässt sie ersticken, obwohl sie für die Ewigkeit erschaffen ist. Er greift in die Ursprünglichkeit der Natur ein, beutet sie aus und zerstört sie, als warte für die kommende Generation ein neuer Globus im Gefrierfach, den man bloß auftauen müsse, wie man den gegenwärtigen erwärmt. Mit menschlicher Logik weiterentwickelt und mit Fortschritt durchdacht:

Das Wachstum ist beschleunigt – die Zeit ist ausgelöscht.
Die Ressourcen sind unerschöpflich – die Natur ist wegrationalisiert.

Nichts ist mehr natürlich, natürlich ist alles künstlich.
Der Motor ist der Mensch, der alles steuert und lenkt,
sodass endlich nichts mehr bremst.
Ferngesteuert und fremdgesteuert, *funktioniert* alles. Perfekt!
Und ist zunächst jeden Makel und schließlich das Menschsein los.

Der menschliche Verstand scheint zwar grenzenlos hinsichtlich der Entwicklung neuer Innovationen, aber in Sachen Nachhaltigkeit ist er begrenzt! Wenn wir Fortschritt um jeden Preis anstreben, kann ihn bald keiner mehr bezahlen. *Man erntet, was man sät*, aber wenn wir immer nur ernten, ist bald nichts mehr da.

Ich habe kaum zu staunen, denken und schreiben begonnen, als der Pilot schon das Ziel anvisiert. Die dünne Höhenluft der bolivianischen Hochebene erfordert ein schnelles Anfliegen und eine vier Kilometer lange Landebahn, die von zwei langen Lichterketten begrenzt ist. Durch den Mittelgang schaue ich dem Piloten über die Finger und La Paz über die Schulter: Das Lichtermeer von Boliviens größter Stadt taucht wie eine Galaxie im dunklen Nachthimmel auf. Das Flugzeug ist nur gestiegen und muss zur Landung die Höhe nicht verringern. *La Paz von oben* – ich dachte eigentlich, das sei nicht möglich.

Dem Himmel viertausend Meter und dem Gefrierpunkt dreißig Grad näher, glaube ich, ein Langstreckenflug läge hinter mir. Doch was mit dem Bus angsterfüllte einundzwanzig Stunden am eigenen Seelenfrieden nagt, gelingt mit dem Flugzeug in unbekümmerten vierzig Minuten. Ein erkaufter Tag für umgerechnet fünfzig Euro. Gäbe es dieses Angebot öfter, würde ich einen Vorrat anlegen, die Stunden im Rucksack als Reserve verstauen oder an manche verschenken, denen nicht mehr viel Zeit verbleibt.

Was sind schon zehn Minuten?

Noch am selben Abend bin ich mit dem Nachtbus binnen zehn Stunden knapp siebenhundert Kilometer weiter in den Süden gefahren. In Sucre treffe ich in der frühen Morgenstunde auf verschlossene Geschäfte, leere Straßen und nur vereinzelte Personen, die entweder zu lang unterwegs waren, oder zu früh wieder auf den Beinen sind und demnach betrunken oder schlaftrunken durch die Stadt wandeln. Andere liegen auf Bürgersteigen, Treppenstufen oder in Hauseingängen und scheinen ebenso verloren, wie ich mich an diesem Morgen in jener Szenerie fühle: Irgendwie heimatlos, nur ohne Heimat viel heimatloser.

So schön das Reisen auch ist, so mühevoll ist es doch, wenn ich an einem unbekannten Ort ankomme, aber noch lange nicht angekommen bin. Das Bus-Terminal ist in keiner Stadt schön. Auch im schönen Sucre nicht!

Zweifel tauchen auf, ob ich aus den vielen möglichen Städten die richtige auswählte und ob ich aus den vielen möglichen Hostels das richtige auswählen werde. Übermüdet, orientierungslos und mit einem schweren Rucksack beladen, zücke ich den Reiseführer, überfliege die Hostels, spüre den Taxifahrer auf, der unter all den missmutig dreinblickenden Antlitzen am vertrauensvollsten hinter der Autoscheibe hervorblickt und hoffe, dass ich auch dort aussteigen werde, wo ich ankommen möchte. Denn die schlechten Erfahrungen anderer Reisender und die Warnungen der Einheimischen, begleiten mich manchmal wie mein Schatten.

Zum Beispiel: In ein „Taxi" einsteigen, von „Polizisten" angehalten und zum Aussteigen aufgefordert, um nach Drogen durchsucht zu werden. Und erst viel zu spät bemerken, dass die eigenen Wertsachen fehlen, die man für wenige Minuten unbedacht im Auto ließ...

oder

...von einem „Touristen" angesprochen, gemeinsam von „Polizisten" zum Zeigen der Pässe und Überreichen der Rucksäcke aufgrund von Drogenfahndungen aufgefordert werden. Und erst viel zu spät bemerken, dass die eigenen Wertsachen fehlen.

So steige ich allein, aber immer mit Vorbehalten in ein Taxi ein. Letztlich bleibt mir keine andere Wahl – ich kenne hier schließlich niemanden.

In den folgenden Tagen spult meine Reisekassette ein Parallelprogramm ab: Von einer unbequemen, oft schlaflosen Nacht im Bus erholen, mich auf das nächste Kapitel meiner Reise einlassen, den Ort durchlaufen und erleben, seine Eindrücke filtern und speichern und zugleich schon die Weiterreise planen. *Welche der vielen möglichen Möglichkeiten? Auf welcher der vielen möglichen Routen?* Eine geeignete Busgesellschaft suchen, die Lage des Hauptterminals orten und eine passende Uhrzeit wählen, um nicht mitten in der Nacht anzukommen oder um möglichst bald einen Anschlussbus zu erhalten.

Jaja, Reisen ist nicht immer einfach. Und nicht auf hohem Niveau zu jammern auch nicht immer leicht.

In diesem Gedankenchaos taucht häufig die Sehnsucht nach *dem* Alltag auf, dem ich eine fast siebenmonatige Pause verordnet hatte. Aber mittlerweile muss ich mir eingestehen, dass ich manchmal müde bin, von den unzähligen Fragen und endlosen Entscheidungen, erschöpft vom Abwägen und den anschließenden Zweifeln, ob ich die richtige Entscheidung wählte.

Ein strukturierter Fahrplan, den ich in Deutschland nicht nur hinnehme, sondern typisch deutsch sogar voraussetze und wo schon eine zehnminütige Verspätung eine gedankliche Katastrophe auslöst, wäre hier oft meine größte Hilfe.

Und zugleich die trivialste Innovation.

Er würde meiner Reise den Charakter stehlen. Schließlich fasziniert mich die Andersartigkeit wegen ihrer Andersartigkeit und ich liebe dieses, aus deutscher Sicht, gewisse Chaos, das eine Taktung des Alltags schlicht untersagt.

So kann ich in der Ferne skurrilerweise die Schätze der Heimat entdecken. Wahrscheinlich, weil Abstand mit Weitblick einhergeht, durch den ich manche Dinge viel besser erkennen kann. Und außerdem... *was sind schon zehn Minuten?* Hier lerne ich Gelassenheit. Oder vielleicht einfach nur zwischen Unwichtigem und noch Belangloserem zu unterscheiden. Der deutsche Alltag nimmt sich nämlich manchmal ganz schön wichtig.

Sucre: So wunderschön. Und so wunderschön gelassen.

Wenn ich in einer der bisher besuchten Städte Südamerikas wohnen sollte, würde ich fraglos Sucre wählen.
Sucre hat Flair!

Sucre ist geordnet, aber dennoch typisch südamerikanisch.

Sucre hat Charme, ist aber dennoch typisch südamerikanisch.

Sucre ist modern, ist aber dennoch typisch südamerikanisch.

Die vielen gepflegten Gebäude, die sauberen Straßen, die überall liebevoll improvisierten Cafés und die verträumten kleinen *Patios* erinnern mich ein bisschen an Heimat, aber Sucre ist dennoch typisch südamerikanisch!

Hier eine Kirche, da ein Museum. Hier ein Hostel im kolonialen Stil, da ein liebevoll gestaltetes *Artesania*-Lädchen. Der Marktplatz ist mit Palmen, einem Denkmal von Antonio José de Sucre und vielen Bänken bespickt, auf denen ein Teil der über zehntausend Studenten mit ihren Laptops die Sonne genießt. Sucre gilt in Bolivien als Stadt der Bildung – und so viel Bildung, aber vielmehr so großer Freiheit und so großzügigem Vertrauen bin ich seit über fünf Monaten nicht begegnet.

Sucre ist ein Ort zum Fallenlassen. Eine Auszeit von der Reise, obwohl man weiterhin reist. Wie die Pause zwischen dem Ein- und dem Ausatmen macht Sucre still, obwohl die Stadt so typisch südamerikanisch ist... *oder sagte ich das schon?*

Das alles lädt zum Schlendern und zum Verweilen ein, zum Kaffeetrinken und zum Kuchenessen, zum Sichselbstvergessen und zum Einfachmalsein. Das tut gut. Und noch besser, wenn ich an den Berg denke, der mir auf meiner nächsten Reiseetappe bevorsteht: Der legendäre Silberberg von Potosí. Denn der hat mit Seelenfrieden und Sichfallenlassen so gar nichts mehr gemein. Wenn man sich nicht in Mauern einzäunt und von allem abgrenzt, reißt dieser Ort vielmehr die Abgründe der eigenen Seele auf. Man meint, man hat mit all dem nichts zu tun: *Das war lange vor der eigenen Zeit, das waren Andere,* möchte man glauben und sich selbst besänftigen. Aber ich glaube, dass alles ewig und alles verbunden ist. Die Vergangenheit ist vergangen, aber nicht vorbei

– sonst gäbe es uns ja nicht. Und weil das Leben weiterbesteht und bisher immer weitergeht, ist man nie ganz frei und nie nur Besucher. Man ist immer aufgefordert, hinzusehen, zu lernen und seinen eigenen Teil zum großen Ganzen beizutragen. Aber noch genieße ich das milde Klima, die gute Luft und das Flair von Sucre und tanke auf.

Die Geschichte der Stadt. Viele denken, dass La Paz die Hauptstadt von Bolivien ist. Das ist falsch. La Paz ist der Regierungssitz, Sucre die Hauptstadt. Hier ein kurzer Abriss ihrer Historie: 1538 von Ganzaro Pizarro gegründet, erfolgte der Aufschwung aufgrund der nahegelegenen Stadt Potosí und ihrem reichen Berg; Sucre wurde zunächst als *Ciudad de la Plata*, als *Stadt des Silbers* benannt; Gründung einer der ersten Universitäten Südamerikas in 1623; 1825 feierte der Nationalheld Simon Bolívar die Unabhängigkeit des gesamten spanischen Südamerikas in Sucre; nach ihm wurde das Land Bolivien benannt; Antonio José Sucre, der im Jahr 1809 als General von Simon Bolívar in Sucre den Kampf um die Unabhängigkeit begann, unterschrieb am 6. August 1825 im *Casa de la libertad* die Unabhängigkeitserklärung Boliviens; ihm zu Ehren wurde *Ciudad de la Plata* in *Sucre* umbenannt.

Jene bedeutenden Bewegungen für die bolivianische Geschichte sowie die gut erhaltene Architektur aus der Kolonialzeit bestimmen noch heute die Seele der Stadt, die in der Literatur nicht selten als einer der schönsten und ruhigsten Orte Boliviens beschrieben wird.

Die Menschen der Stadt. Es ist neun Uhr, aber die Straßen von Sucre sind bereits so lebendig, als hätte der Tag schon viel mehr Stunden verlebt. Unweit von Sucres kolonialem Kern entfernt, sitze ich auf einer Bank am Straßenrand und beobachte das Treiben. Ich schaue zu, wie die Stadt den Tag begrüßt und lasse das südamerikanische Sein auf mich wirken. Unmittelbar vor mir, neben mir und hinter mir verwandelt sich die Straße zum Supermarkt. Auf zwei Quadratmetern spielen Verkäufer *Jenga* in Perfektion. Am besten nicht berühren, sonst fallen mehrere hundert Einzelteile, gekonnt gestapelt, ineinander zusammen: Wecker, Nagelpfeilen, Batterien, Scheren, Taschenlampen, Antennen, Taschenrechner, Adapter, Ohrhörer, Schlösser, hunderte von Fernbedienungen, Schrauben und Taschentücher sind nur ein Bruchteil des vielfältigen Angebots. Wüsste ich nicht, dass ein Händler hinter jener Pyramide steckt, müsste ich vermuten, dass hier ein Messie seine Zelte aufgeschlagen hat.

Die Sonne blinzelt um die Häuserecke und erwärmt die auf 2800 Metern so wunderbar klare Morgenluft und mein Gesicht. Bob Marleys *Could you be loved* ertönt in voller Lautstärke aus einer der *CD-* und *DVD-Piraterias* und spielt die passende Musik, während Schubkarren, vollbeladen mit Früchten, Nüssen und Mandeln durch die Massen geschoben und zum Verkauf am Straßenrand abgestellt werden. Fliegende Händler verkaufen die für diese Region typischen Webarbeiten, Eis oder Götterspeise.

Neben mir sitzt ein alter Herr auf der Bank und in diesem Moment nimmt zwischen uns eine ebenso alte Dame Platz. Es entsteht ein Gespräch, das schnell Komik mit sich bringt: Als ich die beiden frage, ob sie in Sucre geboren seien, erhalte ich die Antworten »Ich bin sechsundachtzig« und von dem Herrn »Ich bin zweiundachtzig«. Ich lächle und sage, dass ich vierundzwanzig bin. Keine Antwort passt zur gestellten Frage, doch ich mag unsere Kommunikation, die aneinander vorbei redet, doch endlich *die* Nähe trägt, die mir mein Aussehen so oft verwehrt. »Früher war Sucre schöner«, sind sich die beiden einig und schwelgen mal laut und mal stillschweigend in ihren Erinnerungen. »Auf den Straßen herrschte weniger Verkehr, die Produkte waren billiger, die gesamte Stadt war ungemein leiser«, berichten sie. *Leiser? Die beiden sind doch fast schwerhörig*, denke ich, und ohne ihnen zu nahe treten zu wollen, frage ich mich still, wie still es damals wohl gewesen sein muss. Doch Recht haben sie, denn leise ist es nicht! Motoren, Bauarbeiter und Bob Marley schreien sich gegenseitig an und Wortfetzen ertönen von überall. Plärrende Kinder vor mir, Verkehrschaos hinter mir. Kontrolleure schreien aus den Minibussen die Fülle der mir unbekannten Fahrziele und erwecken Erinnerungen an Lima. Die Geräuschkulisse mag die gleiche wie in Perus turbulenter Hauptstadt sein, aber sie kann die friedliche Seele von Sucre nicht erschüttern.

Der nächste Verkäufer baut auf, ist ebenfalls eine Superlative im *Jenga*-Spielen und will mit seiner Höhe überbieten. Sein Stand wirbt mit Spiegeln, Toilettenpapier, Shampoo, Zahnbürsten, Pinzetten und Rasierern und scheint die Hygieneabteilung des Straßensupermarktes darzustellen. Alte Stoffsegel schützen die Verkäufer vor der Sonnenstrahlung, unter denen sie auf kleinen Hockern in ihre Zeitungen oder die Gespräche mit dem Nebenmann vertieft sind. Und während andere bereits das erste Nickerchen über der Ware halten, staune ich über ihr blindes Vertrauen, das mir auf diesem Kontinent alle ausreden und meine Intuition mir selbst untersagt.

Die Menschen, die unsere kleine Sitzgruppe passieren, faszinieren durch ihr andersartiges Aussehen: Sandalen aus Autoreifen, Stulpen aus Schafswolle, ein Rock und mehrere Unterröcke, darüber eine Schürze. Über die Strickjacke einen Poncho gehängt, minimalistisch mit einer Sicherheitsnadel befestigt. Den Hut tief ins Gesicht gezogen, verbleibt die Mimik ein Geheimnis. Auf dem Rücken haben sie ein farbenfrohes Tuch gebunden, in dem sie ihre Kleinkinder oder Waren tragen. Hin und wieder ist der Look von einer viel zu großen Brille perfektioniert, durch die dunkle Augen oft grimmig, nur selten fröhlich in die Welt blicken. Rabenschwarzes Haar zu langen Zöpfen geflochten, sonnenverbrannte Haut. Falten könnten Geschichten erzählen, *wenn sie mich nur zuhören ließen...*

Die Augen sind fest zusammengekniffen. Starker, unantastbarer Blick unter gebückter Haltung geradeaus gerichtet. Zahn und Zahnlücke wechseln sich ab. Zerschlissene Hände zeugen von andauernder, körperlicher Arbeit. Fester Blick, starker Blick. Augen so dunkel, dass ich mich in ihnen verliere, verlieren möchte und manchmal nicht mehr wiederfinden will. Außergewöhnlich wirkt jede Person, wunderschön! Und ich glaube, sie wissen nicht darum.

Ich bin fasziniert und interessiert. Doch immer ist ihr Mienenspiel Ausdruck von unüberwindbarer Distanz, von Unantastbarkeit. Eindringlich kann ich ihnen entnehmen, dass Hinschauen unerwünscht, Fotografieren verboten und Nähe nicht gewollt ist.

So schafft mir meine größte Leidenschaft das größte Leiden, weil ich nicht ablichten darf, was mich fasziniert: Die Menschen. Ganz natürlich, einfach so wie sie sind.

Warum? Als Kompliment!

Weil ihre Gesichter Geschichten erzählen ohne Worte zu sagen.

Weil sie spannend sind, weil sie besonders sind! Weil sie lebendig sind – möchte ich in aller Ruhe beobachten und mit dem Betätigen der Auslösetaste bis zum bestmöglichen Augenblick warten können, einen zweiten Versuch haben dürfen und Positionen ungestört wechseln können. Ich möchte den alltäglichen Konversationen lauschen und auf diese Art das wahre Leben der *Campesinos* kennenlernen. Nicht bloß distanziert von einer Bank Teil haben, sondern Teil sein. Wenn auch ein unsichtbarer, stiller, nicht fragender, ausschließlich zuhörender, staunender, lernender Teil. Doch meine Anwesenheit in ihrer Welt kann nicht tiefer vordringen als bis zur Anwesenheit.

Ich bin nur Gast, doch um sie zu erkennen, müsste ich bleiben.

Um sie zu fotografieren, müsste ich verweilen.

Mit meinen Fotografien möchte ich ihnen nicht die Seele ausziehen – durch meine Fotografien möchte ich ihre Seele zeigen!

Doch zum Glück ist die Welt noch nicht bis in jeden Winkel globalisiert. Ich habe nur Angst, dass sie es eines Tages sein wird und es diese sonnenvergerbten, vom Leben geprägten Gesichter nicht mehr geben wird. Aber das sind egoistische Gedanken einer betüddelten Reisenden, die das einfache Leben verehrt, ohne selbst Kartoffeln zu säen, Felder zu bestellen oder etwas zu ernten. Das scheint in weiten Teilen mit meiner Generation auszusterben. Ich bedaure, aber ändere es nicht. Inkonsequentes Handeln, was ein Beklagen nicht gestattet.

Außerdem ist die Distanz, die uns entfremdet, schließlich das, was mich begeistert und deshalb ist es ironisch, sie überwinden zu wollen und damit das auszulöschen, was ich einfangen möchte.

Wenn aber große Kinderaugen mich wegen meiner Größe und meines anderen Aussehens mit ihren Blicken für mehrere Minuten gefangen nehmen, wünsche ich insgeheim, ich könnte auch noch einmal Kind sein und hätte die Erlaubnis, ohne Hemmungen staunen zu dürfen und meinen Blick wandern und ruhen zu lassen, bis ich mir Fremdes vertraut gemacht habe.

Es ist eine ungerechte Situation für ein aufrichtiges Interesse. Ernüchternd für mich und meine Kamera, die Wahrheit und Authentizität gerne scharf stellen. So verharrt diese im besten Fall in meiner Tasche, während meine Augen ihre Funktion erfüllen und all die Gesichter und Momente, die Jenga-Türme und Straßenmärkte so detailgetreu wie möglich ablichten und mit dem Bleistift auf das Papier entwickeln.

Als sich die sanfte Wärme der Morgensonne allmählich in Mittagshitze verwandelt, sind die beiden Alten zum Aufbruch bereit. Sie fragen, ob ich, wie sie selbst, morgen wieder kommen werde, denn sie mögen diesen Ort, an dem immer etwas passiert und der ein bisschen so ist, als würde ihnen jemand eine Geschichte vorlesen. Doch weil ich noch heute Abend nach Potosí reise, verabschieden wir uns und wünschen uns alles Gute, und als Mr. President Bob Marley ablöst, gibt es vermutlich auch für mich keinen passenderen Anlass, um den Ort zu wechseln...

Die Steigerung von Markt heißt Supermarkt. Nur wenige Schritte weiter wartet einer der schönsten südamerikanischen Märkte auf meinen täglichen Besuch. Die nette Marktfrau kenne ich von gestern und vorgestern und dem Tag davor. Sie lächelt, als sie mich sieht und fragt, welche Früchte ich heute kombinieren möchte. *Ananas, Orange und Papaya.* Für sie bin ich das Mädchen *sin azúcar, ohne Zucker*. Sie findet es ungewöhnlich, dass ich den Fruchtsaft ohne die gewöhnlichen zwei Esslöffel Zucker trinke und ich finde es ungewöhnlich, dass sowohl die Bolivianer als auch die Peruaner den so köstlich süßen Früchten zwei Esslöffel Zucker beimengen. Wie es in beiden Ländern üblich ist, schenkt sie mir sogleich die *Yapita* ein. *Yapita* ist *Aymara*, bedeutet *Geschenk* und ist der Rest, der nicht ins Glas passte.

In den Gängen schweben südamerikanische Klänge. Ein Gemisch aus Musik und Gesprächen, das weder klagt noch weinerlich klingt, sondern Fröhlichkeit versprüht. Ich bestelle noch einen Saft. Und vergesse schon wieder die Zeit.

Ist es nicht komisch, dass man ärmeren Menschen immer etwas Bedauerliches zuschreiben möchte? Immer, wenn ich in einem *Mercado* sitze, bemerke ich, dass das nur eine überhebliche Angewohnheit des Luxus ist, der materiellen Wohlstand und die Bequemlichkeit der Moderne über alles erhebt.

Dabei gibt es hier etwas, das in vielen deutschen Supermärkten fehlt: Lebendigkeit, Verkäufer, und Stimmen, die Verkaufsgespräche führen. Nichts in Plastik Verpacktes, nichts in Codes Verschlüsseltes, nichts skrupellos Vermarktetes, nichts Zweckrationalisiertes, von Menschen Gestaltetes – sondern Genießbares! Noch kaufen die meisten Menschen der Andenländer auf den Märkten ein, wo alles natürlich, bekömmlich und regional ist. Hier riecht es noch nach Erde, nach Fleisch und nach Früchten. Es ist ein Ort für die Sinne.

Wenn ich da an die deutschen Supermarktketten denke, verkehrt sich die südamerikanische Fröhlichkeit in deutsche Melancholie. Zu jeder Jahreszeit ist in der Heimat alles verfügbar – *muss das eigentlich sein?* Viel zu oft ist der dort einkaufende Mensch nicht mehr gesund, weil er nicht gesund isst. Doch nicht aus jenen unnatürlichen Prozessen und Zutaten entwickeln die Menschen Zivilisationskrankheiten, sondern kranke Zivilisationen entwickeln diese unnatürlichen Prozesse und Zutaten. Der Rest ist nur die zwangsläufige Folge.

Der Markt ist zweistöckig und hat einen wunderschönen Innenhof, der das Sonnenlicht einfängt und eine herrliche Lichtstimmung entstehen lässt. Von oben sieht das Unten aus wie eine Bienenwabe: Stets in Hexagone untergliedert, fliegen Käufer und Verkäufer von einer in die andere Wabe und kaufen oder verkaufen und tauschen Wechselgeld aus. Im oberen Stockwerk konkurrieren die verschiedenen Garküchen, in denen man für umgerechnet einen Euro eine Suppe, ein Hauptgericht und eine Nachspeise erhält. Es ist mehr, als man zum Sattwerden braucht, aber immer so lecker, dass ich aufesse.

Nur wenn ich nach unten in die Fleischabteilung schaue, möchte ich Gabel und Messer ganz plötzlich schräg auf meinen Teller platzieren. Denn so, wie es in Deutschland ganz selbstverständlich ist, dass Fleischwaren gekühlt werden, so selbstverständlich ist es hier, dass man der Kühlung keine Bedeutung beimisst. Die Fliegen gehören zum Fleisch, wie die zwei Esslöffel Zucker zum Saft. Und so, wie es in Deutschland für meine Generation ganz selbstverständlich ist, dass man vom Huhn nur das Fleisch zum Kochen verwendet, so selbstverständlich ist es hier, dass fast das gesamte federlose Tier im Kochtopf landet. Dann hat man mal eine Kralle und mal ein rundes Etwas auf dem Löffel, von dem man sich besser nicht fragt, welche Körperteile dafür in Frage kommen könnten. Wer das nicht mag, sollte woanders essen. Da bezahlt man ein Vielfaches und bekommt die Hälfte, aber ein bisschen europäischen Standard.

Ruhe in Frieden. Auch der Friedhof von Sucre hat mit einer deutschen Ruhestätte nichts gemein – nicht einmal die Ruhe. Hier finden sich große Mausoleen, durch die historisch bedeutsame Bolivianer ihren Ruhm auch post mortem demonstrieren, neben kleinen Quadraten auf brauner Erde. Während diese nur von gesammelten Steinen begrenzt und von simplen Kreuzen aus Zweigen geziert werden, beendet wenige Meter weiter nicht einmal der Tod das Bedürfnis nach Anerkennung. Posthumer Prunk neben stagnierender Armut.

Die Mehrzahl der Verstorbenen ruht jedoch nicht unter, sondern über der Erde und so reihen sich die Grabkomplexe mehrere Meter in die Breite und Höhe. Fenster an Fenster erinnert das Aussehen an einen Plattenbau, dessen Zimmer individuell mit Blumen, Fotos und kleinen Gegenständen geschmückt sind, die den Toten als einst Lebendigen charakterisieren. Eine Colaflasche neben Luftschlangen,

Stofftiere neben Puppen. Hinter den Grabplatten befinden sich die Särge oder Urnen. Aus vielen Nischen ertönt Musik, die die Verstorbenen auch nach Lebensende nicht in Ruhe ruhen lässt. *Für Elise* hier, *für Elise* da – nur leider nie im Kanon. Vielerorts ist der Friedhof daher gar nicht friedlich.

Kinder laufen lachend zwischen den Gräbern hindurch und machen aus ihrer Arbeit als Grabputzer ein Kinderspiel. Von den Bänken ertönen lautstarke Gebete: Die Klänge des *Vater unser* und *Ave Maria* schweben über dem Friedhof, bewachen die Verstorbenen, trösten die Trauernden, verbinden einst Verbundene und Himmel und Erde. Zwei Personen kauern nebeneinander: Die Eine, blind und mit einem großen Kreuz um den Hals, betet lautstark, die Andere hofft inständig, dass das gesprochene Gebet für ihren Verstorbenen Erhörung findet. Weil viele Menschen glauben, dass Erblindete eine innigere und vielleicht auch schnellere Beziehung zu dem haben, der ihre Bitten erhört, bezahlen sie gerne etwas Geld für die E-Mail unter den Gebeten. Vielleicht liegen Aberglaube und Glaube näher beisammen, als ich bisher glaubte. Der Glaube kann ja bekanntlich Berge versetzen und vielleicht kann das der Aberglaube auch!?

Noch ein bisschen mehr Sucre. Die Calle Dalence führt steil bergauf und direkt zum Eingang des Franziskanerklosters *La Recoleta*, das schon im Jahr 1600 errichtet wurde. Von den Torbögen hat man einen herrlichen Blick auf die hügelige Umgebung und die wunderschöne Stadt. Die vereinzelten Palmen und die vielen weißen Kirchtürme, die mit dem Blau des Himmels verschmelzen, zeichnen sich kontrastreich vor den roten Ziegeldächern ab.

Hier oben gibt es ein gemütliches Café, in dem ich bei einem *mate de coca* die Eindrücke und Gedanken der letzten Tage zu Papier bringe, ehe ich Sucre verlasse.

Der mate de coca schmeckt lecker und hilft gegen die Höhenkrankheit Soroche

Ich verlasse Sucre mit Wehmut! Die weiße Stadt in den Anden, die das europäisch Strukturierte so wunderbar nach Heimat schmecken lässt und das südamerikanisch Lebendige ganz vertraulich näher bringt. Hier vergisst man fast die Vorsicht vor der Dunkelheit und die Angst vor den überall gegenwärtigen Langfingern. Für vier Tage ließ sie mich in beiden Welten zu Hause sein. Jetzt reise ich weiter nach Potosí, der wegen ihrer Silberquellen einst so reichen Stadt, dem Sucre ihre Gründung verdankt.

02. Juni 2010

Potosí. Oder: Unmenschliches Menschsein.

Weiter nach Potosí. Von der Schönen in die Kalte. In die einst Reiche, in die Ausgebeutete – in die mittlerweile Arme. In die Arme der armen Stadt, die mich mit eisiger Kälte empfängt. Sucre trennen nur 150 Kilometer, drei Stunden oder 1200 Höhenmeter von Potosí. Dabei liegen Welten zwischen den beiden Städten:

Sucre lächelt sanft, Potosí weint kläglich.

Sucre ist herzerwärmend, Potosí sprengt den Seelenfrieden.

In Sucre fühlt man sich beseelt, in Potosí ausgehöhlt.

In Sucre will man bleiben, Potosí will man verlassen.

Mit 170.000 Einwohnern auf über viertausend Höhenmetern gelegen, ist Potosí die höchstgelegene Großstadt der Welt. Sie ist bekannt für ihren *Cerro Rico*, ihren *reichen Silberhügel.* Ebenso reich wie an Silber, ist er an Menschen, die in ihm ihr Leben verloren haben. Noch heute schürfen die Bergmänner unter unmenschlichen Bedingungen unter der Erde, aber viertausend Meter über dem Meeresspiegel, nach Zinn, Kupfer, Blei und den letzten Silberresten.

Doch von vorne: Am Abend erreiche ich die Stadt inmitten des kargen *Altiplanos*, über der ebenso erhaben wie bedrohlich, der von Lichtern begrenzte Kegel thront. Er erhebt sich bis auf 4800 Meter und wacht über Potosí. Doch obwohl er nie schläft, kann er keinen Schutz bieten – er ist ein Berg des Widerspruchs, der nie Einspruch erhoben hat!

Die geschäftige Stadt macht gerade Feierabend. Nur die Straßenverkäufer kennen keine Öffnungszeiten und preisen unentwegt und wie immer stets aufgeregt ihre Waren an. Menschen bevölkern die Straßenränder, und die Verkehrsmassen verharren kreuz und quer in den steilen Gassen. Mittendrin hängt auch unser Bus fest und beschwert sich hupend über das stockende Chaos. Es geht nicht vorwärts, aber immer weiter – das scheint typisch für diese Stadt.

Potosí und der beleuchtete Cerro Rico im Hintergrund

Nachdem wir das Terminal erreicht haben und ich für den morgigen Tag eine Tour in die Minen gebucht habe, liegt die Nacht schon tief in den Gassen der Stadt. Der eisige Wind hat sie binnen einer Stunde leer gefegt. Die Lichter der Läden sind erloschen und nur vereinzelte Menschentrauben stehen dicht beisammen, als versuchten sie gemeinsam etwas Wärme zu produzieren. Potosí wirkt plötzlich leblos. Nahezu regungslos bewege auch ich mich als einsamer Schatten durch die Straßen, bis mich die Kälte ganz ohne Überlegungen in die erstbeste Unterkunft schiebt.

Auch das alte Haus kann keine Wärme spenden. Es ist wie ein toter Mensch, der nur noch künstlich lebendig gehalten wird. Hier fließt nichts mehr, hier atmet nichts mehr! Die Seele ist längst ausgezogen, falls sie überhaupt je hier gewesen ist. Ohne Heizung oder Tee wärmt nur das Duschwasser und bei Temperaturen unter dem Gefrierpunkt nehme ich die Stromschläge, die bei Zusammenstößen mit dem elektrischen Duschkopf entstehen, bereitwillig in Kauf. Doch die gefühlslose Kälte saugt das bisschen Wärme wie ein Vampir augenblicklich wieder aus meinem Körper heraus. Ich finde kaum Schlaf. Und erwarte sehnsüchtig den Morgen.

03. Juni 2010

Kaum eine Wolke bedeckt den Himmel über Potosí und so bleibt es schneidend kalt, als das Tageslicht die aus dem 17. und 18. Jahrhundert stammenden Kolonialbauten sichtbar macht. Mit ihren bunten Farben und den dunklen Holzbalkonen zeugen sie von vergangenem Ruhm und strahlen prächtig in der klaren Bergluft.

Auch die Straßenverkäufer nehmen ihre Plätze wieder ein: Früchte, Gemüse, Getreide und Säcke mit Gewürzen – alles wird im Gefrierfach am Straßenrand in Position gebracht. Daneben warten Kleidungsstücke aus Alpakawolle auf frierende Menschen. Wie nach einem Winterschlaf begrüßt die Stadt den Frühling – und das an jedem Tag! Die Unterschiede der Temperaturen sind aufgrund der Höhenlage und der trockenen Luft zwischen Tag und Nacht größer als zwischen den Jahreszeiten.

Tour in die Minen. Mein Guide heißt Ana. Sie ist eine moderne Bolivianerin, hat ein strahlendes Lächeln und ihr langes, schwarzes Haar zu einem Zopf geflochten. Mit ihrer Trecking-Ausrüstung und der sportlichen Figur vermutet man sie eher im pulsierenden La Paz als in der Abgelegenheit des Landes, die dessen Abgründe aufzeigt. »Wir sind heute allein«, sagt sie, »es ist Nebensaison!« und setzt sich an das Steuer des Jeeps, mit dem wir in die Peripherie der Stadt fahren. Der Weg führt steil in die Höhe und schnell verwandelt sich der Kolonialstil in eine Bauweise, die von immer größerer Armut gekennzeichnet ist. Enge Schotterstraßen und kleine Häuser aus Adobe prägen nun das Bild, das sich noch vor wenigen Minuten aus prächtigen Bauten der vergangenen Jahrhunderte zusammensetzte.

Pflichtgemäß halten wir am *Mercado de los Mineros*, dem *Minenmarkt*, wo wir einige Mitbringsel für die Bergleute und die Bestandteile für das Minenritual erwerben: Coca-Blätter, filterlose Zigaretten, 96-prozentiger Alkohol, und da man hier legal Sprengstoff beschaffen kann, kaufen wir auch Dynamitstangen und Zündschnüre.

An der Mine angekommen, rüstet mich Señora Ana mit Gummistiefeln, Gummihose und einer Jacke aus. Eine zweite schützende Haut, die für die Bilder, Worte und Emotionen der kommenden Stunden viel zu undicht ist. Sie setzt mir einen Helm auf und befestigt eine Lampe daran. Auf den ersten Blick sehe ich nun aus wie einer der Mineros – auf den zweiten Blick so gar nicht!

Die Geschichte der Mine. Nur vereinzelte Geräusche der Stadt erreichen die an einen Friedhof erinnernde Stille, die hier oben bedrückend die Stimmung beherrscht, als Ana zu erzählen beginnt: »Es war einmal der indianische Hirte Huallpa...«, beginnt sie, als sei alles, was nun folgt, nur ein erfundenes Märchen. Dabei wird sie mir eine der grausamsten Geschichten unserer Geschichte erzählen, »... der im Jahr 1544 seine Lama-Herde auf dem unbewohnten *Altiplano* weiden ließ. Als er am Abend bemerkte, dass eines seiner Tiere fehlte, beschloss er ein Feuer zu entzünden und in der Einöde, unter der bald das heutige Potosí entstehen würde, zu schlafen. Am nächsten Morgen war seine Herde noch immer nicht vollzählig, doch funkelte und glitzerte der Ort seiner Feuerstelle und silberne Tränen liefen den Berg hinunter«. Es ist nur eine von vielen Theorien über die Entdeckung der Silbermine, doch diese hält sich am beharrlichsten.

Kurze Zeit später befahlen die Spanier die Indios in den reichen Berg und beuteten diese in gleicher Weise aus wie den *Cerro*, unter dem sie am 10. April 1545 nur wenige Höhenmeter tiefer die Stadt

Potosí gründeten. Nur acht Jahre nach der Gründung wurde Potosí zur Kaiserstadt ernannt, dessen Wappen die Worte *Ich bin das reiche Potosí, Schatzkammer der Welt, König der Berge, den Königen diene ich zum Neid* zierten. Unterdrückung, Sklaverei und Massenmord standen Prunksucht, Gier und Ausbeutung gegenüber. Der Luxus der Einen, waren die Qual, die Folter und schließlich der Tod der Anderen.

Potosí war plötzlich reich, Potosí war groß und es wurde stets reicher und hörte auch nicht auf zu wachsen. Eine immer größere Menschenmasse nahm die widrigen Bedingungen des Hochlandes bereitwillig auf sich und bewohnte die Stadt mit den vergoldeten Kirchen und den zahlreichen Lokalen. Sogar das Straßenpflaster bestand bald schon aus Silber. Nur einhundert Jahre nach der Stadtgründung zählte Potosí mit etwa 150.000 Einwohnern zu den größten und reichsten Städten der damaligen Welt.

In einem Umkreis von über einhundert Kilometern suchten die Konquistadoren nach indigenen Arbeitskräften und entrissen die Männer ihrer Heimat. Der reiche Berg sollte für kurze Zeit ihr Zuhause werden. Einmal in der Dunkelheit gelandet, war es für die meisten das letzte Mal, dass sie frei und Mensch sein durften. Nur mit Coca-Blättern, Wasser und Sprengstoff ausgestattet, begannen sie ihre Arbeit, die fast immer der Tod beendete. Unaufhörlich sandten die Spanier die Indios in die immer tiefer führenden Stollen. Hinein in einen Zustand der Erschöpfung, in die Hölle auf Erden. Namenlos durch andere ersetzt, entstand binnen weniger Jahre ein gigantisches, anonymes Massengrab.

Ana erzählt, dass Mütter ihre neugeborenen Söhne töteten und Männer sich als Frauen verkleideten, um dem von den Spaniern auferlegtem Schicksal zu entkommen. Doch sie entdeckten jeden! So lange, bis in der weiten Umgebung kein Mann indigener Abstammung mehr auffindbar war und afrikanische Sklaven die unmenschliche Arbeit verrichten sollten. Doch diese erlagen der sauerstoffarmen Höhenluft.

Graf Lemos, der Vizekönig von Peru, schrieb im Jahr 1699 *Nach Spanien wird nicht Silber, sondern Indianerblut und Indianerschweiß verschifft* und der spanische Minenbesitzer Luis Capoche sagte: »Der arme Indio ist eine Währung, mit der man alles bekommt, was man braucht, wie mit Gold und Silber, nur viel besser«.

Nach Eduardo Galeano, einem uruguayischen Schriftsteller,
sollen bis in das 18. Jahrhundert etwa
acht millionen menschen
ihr leben in der mine gelassen haben.

Um diese abstrakte Zahl zu veranschaulichen, nutzt Ana eine Metapher: »Einer Legende zufolge können zwischen Potosí und Spanien zwei Brücken errichtet werden: Eine aus Silber bestehend, die andere aus den Knochen der krepierten Arbeiter«.

Dann schweigt sie und lässt mich mit dem Bild, das mein Kopf ganz unaufgefordert malt, allein.

Ich versuche die Zahl zu schlucken, aber mein Körper will sie nicht verdauen. Irgendwo zwischen Kopf und Magen bleibt sie hängen und stellt sich quer. Mir ist schlecht. Ich will das Gehörte ausspucken, aber es hämmert sich in jede meiner Zellen ein. Und gleichzeitig kann ich nicht vor mir selbst bestehen, da ich bis vor Kurzem noch nie etwas von diesem Ort gehört habe. Die Welt ist so voll von grausamen Geschichten, dass man von vielen nie erfährt. Die grässliche deutsche Geschichte war in der Schule so präsent, dass sie für viele andere grässliche Geschichten offensichtlich keinen Platz im Lehrplan ließ. Auch wenn eine schlechte Allgemeinbildung definitiv die Vorstellung einer heilen Welt erleichtert, kann das Totschweigen der Toten die Welt nicht besser machen. *Sie* vergisst nicht, ganz gleich, ob *wir* uns erinnern oder nicht. Unsere Welt sieht heute nicht besser, nur anders schlecht aus. Sie ist nun mal nicht heil. Sie hat überall Narben. Und hier blutet sie noch immer.

Gegen Ende des 19. Jahrhunderts versiegte der Silberstrom und mit ihm die am Fuß des *Cerros* gelegene Stadt, die er nährte. Menschen und Prunksucht verschwanden ebenso schnell, wie sie einst auftauchten, die Blüte der Stadt verwelkte so rasch, wie sie erschien. Und als die Geschäfte nicht mehr rentabel waren, versank die Stadt in Armut. *...und da sie nicht gestorben ist*, ist Potosí heute eine arme Stadt in einem armen Land, die jedoch noch immer von ihrer Mine abhängt.

Meine Geschichte in der Mine. Vor dem sandfarbenen Berg sortieren kleine Kinder und alte Bolivianerinnen die Gesteinsreste, die die Mineros aus der Mine förderten. Wie die Figuren des Märchens selektieren sie die Guten ins Töpfchen und die Schlechten ins Kröpfchen. Gekonnte Handbewegungen strahlen Routine aus. Versunken in den Gesteinen bezeugen die verschiedenen Generationen den Kreislauf eines Lebens in Potosí: Alles dreht sich um die Mine. Und nach wie vor im Kreis. Denn noch heute arbeiten mehr als zehntausend Bergleute in den Stollen und suchen nach den letzten Resten der Mineralien.

Darunter sind etwa eintausend Kinder.

Viele Arbeiter steigen bereits im Kindesalter das erste Mal in die dunkle Tiefe, wo sie die Jugend überspringen und nur wenige Jahre erwachsen sind, bevor ihr Antlitz dem Gesicht eines Greisen gleicht. Es ist ein Leben im Zeitraffer.

Auch wir gehen zu einem der Schächte, die den Beginn von mehr als tausend Stollen darstellen und den Berg durchziehen wie Adern den Körper. Niemand weiß genau, wie viele Tunnel existieren. Ana zeigt auf den Eingang der Mine und verweist auf die dunklen Spuren, die ihn rahmen: »Über viele Jahre hinweg versuchten die Spanier die Indios zu missionieren. Die Indios, die weder etwas vom Papst, noch vom Teufel gehört hatten, lebten ihren eigenen Glauben. Noch heute opfern sie an einem Tag des Jahres *Pachamama*, ihrer Gottheit *Mutter Erde*, ein weißes Lama und schütten dessen Blut an die Häuser und die Eingänge der Mine. Dieser indianische Ritus soll Glück und Reichtum bringen«.

Mein Blick klettert die Holzleiter herab und verliert sich nach wenigen Sprossen im schwarzen Nichts. Ana dreht meine Stirnlampe an. Ein kleiner Kreis bringt viel zu wenig Licht ins Dunkel!

Wir klettern zwanzig Sprossen nach unten. Hinunter in die Enge, in das Schwarz, in den Geruch von Giftstoffen und den nicht wahrnehmbaren und dennoch unverkennbaren Geruch von Tod. Innerlich und äußerlich taucht ein Gefühl von Beklemmung auf. *Nur nicht darüber nachdenken*, denke ich, während ich darüber nachdenke. Ich möchte zumindest für einige Stunden erleben, wie die hier arbeitenden Menschen einen Großteil ihrer Lebenszeit verbringen. Ich möchte hinschauen und in die Vergangenheit reisen, nicht kneifen, wo andere es nicht dürfen.

Weiter nach unten, wo die Luft dünner und das Dunkel noch

schwärzer ist. Die Tunnel werden enger und schon nach wenigen Schritten undurchschaubar. Ich verliere die Orientierung, die ich nie hatte. Jedes Zurück würde schon jetzt zu viele Möglichkeiten bieten. Ich bin angewiesen auf Ana, wir beide auf unsere Lampen. *Nur nicht darüber nachdenken*, durchfährt es mich erneut, *nur vertrauen* – auch wenn das hier so ungemein schwer fällt.

Wo der Teufel ein Freund ist. Mit jedem weiteren Schritt steigen die Temperaturen stetig bis auf fünfunddreißig Grad an. Die Hölle verwehrt der eisigen Kälte des Hochlandes den Zutritt. Hier herrscht Hitze. Ein Fegefeuer, das eine Teufelsfigur bewacht. Am Ende des Tunnels leuchtet meine Grubenlampe plötzlich in ihr Gesicht. Ich erschrecke!

Ana erzählt, dass die Spanier die Figur in die Mine stellten, damit diese die ungläubigen Indios einschüchtere, bei der Arbeit beobachte und im besten Fall vor dem nahenden Tod zum christlichen Glauben bekehre. Für die Mineros hingegen, die den Glauben der Konquistadoren nicht kannten, war die Teufelsfigur von Anbeginn ein Schutzpatron, den sie noch heute als *tio*, *Onkel*, betiteln. Für sie ist er Freund und Mitstreiter, Vertrauter und Gehilfe, bei dem sie an jedem Freitag das Minenritual abhalten, damit er die Freundschaft pflegt und mit dem Finden von Venen und dem Überleben belohnt.

In absoluter Finsternis thront der *tio* gespenstisch in einer kleinen Grotte. Nur die Lichtstrahlen unserer Lampen lassen ihn erleuchten: Vergilbte Luftschlangen bilden sein Haar, Coca-Blätter sein grünes Kleid. Rotleuchtende Augen erwidern Angst einflößend meinen Blick, die Nase ist vom Zigarettenqualm verkohlt. Konfetti, Zigarettenstummel, leere Schnapsflaschen und Bierdosen zieren den Boden und bestimmen den Geruch. Runzelige Luftballons baumeln im stickigen Raum. Wie aus der gesamten Mine, ist auch aus ihnen jede Luft gewichen – Sinnbild der Vergänglichkeit, *du passt hier her!*

Auch wir begrüßen den gehörnten Berggott und führen den Ritus durch, um wieder Tageslicht erblicken zu dürfen. Ein komisches Gefühl dies hier zu erbitten, aber ich möchte mich nicht mit dem Teufel anlegen und schon gar nicht an diesem Ort.

Wir kleiden ihn mit Coca-Blättern ein und gießen großzügig die 96-prozentige Flüssigkeit über seine Schultern, Hände, Knie und auf den Boden, denn wie immer erhält auch *Pachamama* ihren Anteil.

Und weil die Bergmänner glauben, dass der *tio* und *Pachamama* in der Nacht neue Venen zeugen, begießen wir auch des Teufels bestes Stück, um so die Fruchtbarkeit zu wahren. Dann einen Schluck für uns. Pur soll man ihn trinken, damit die Mineralien ebenfalls rein sind. 96-prozentiger Zuckerrohrschnaps rennt und brennt meine Kehle hinunter – das ist der einzige Weg, den ich heute problemlos verfolgen kann. Zuletzt ziehen wir an der Zigarette, bevor Ana sie dem Teufel glimmend in den Mund steckt. Er darf zu Ende rauchen, während wir diesen seltsam anmutenden Ort verlassen und den Teufel wieder seiner Dunkelheit übergeben.

Wir gehen weiter dem Nichts folgend, immer weiter in es hinein. Stapfen durch knietiefes Wasser, krabbeln durch nicht einmal ein Meter hohe Gänge und müssen immer achtsam sein, nicht in einem der Löcher zu versinken. Das Geräusch unserer Schritte schallt die Stollen entlang, die längst noch nicht sichtbar sind. Wie die Äste eines Baumes verzweigen sie sich und haben alle eines gemeinsam: In ihnen durchleben die Mineros die Jahreszeiten der Gefühle. Stets von der Hoffnung auf eine reiche Ernte getrieben und getragen, verbringen sie oft mehr als zehn Stunden in den kilometerlangen Tunneln der Mine. Für mich ist sie ein lebendiges Ungeheuer.

Aus den unterschiedlichen Stockwerken ertönt mal aus der Nähe, mal aus der Ferne, mal lauter, mal leiser, das donnernde Rollen der gerölltransportierenden Wagen, fast, als würde der Magen des Monsters knurren. Unter primitiven Bedingungen, die sich in den vergangenen vierhundert Jahren kaum verändert haben, transportieren die Bergmänner den Abraum ganz ohne Maschinenantrieb über die Holzgleise zu den Schächten, wo sie ihn an die Erdoberfläche befördern.

Aufgrund der verschiedenen Mineralien leuchten die Wände in unterschiedlichen Farben und glitzern mit giftigen Tropfen. Staub, Asbest und toxische Dämpfe schweben im Kanalsystem der Mine und durchziehen mit jedem Atemzug das Bronchiensystem meiner Lunge. Der eigene Körper verschmilzt mit dem Körper der Mine. Nach nur einer Stunde fühlt er sich vergiftet an. Ohne Atemmaske sind die Arbeiter diesen toxischen Gasen ihr gesamtes Leben ausgesetzt. Die Staublunge ist die häufigste Todesursache. Sie beendet das Leben etwa zehn bis fünfzehn Jahre vor dem bolivianischen Durchschnitt.

Hoch, runter, links, rechts, vor, zurück, diagonal. Je weiter wir gehen, umso größer ist die Gefahr, sich und das eigene Leben in den Tunneln zu verlieren. Die Mine ist ein Labyrinth ohne Ausweg. Es gibt nur den Weg zurück – und wird dieser nicht gegangen, weint der Berg heimlich ein paar weitere seiner silbernen Tränen.

Wie Maulwürfe haben die Mineros den Berg in den vergangenen Jahrhunderten durchbohrt, durchsprengt, durchsucht, durchfunden – und verloren. Mittlerweile ist er derart ausgehöhlt, dass mich die Angst, die Mine könne in sich zusammen stürzen, unentwegt begleitet. Ihr Skelett ist osteoporös. Doch noch hält es. Hält aus und trägt, wie die Arbeiter aushalten und ertragen. Sie sind die Blutkörperchen des Ungeheuers: Rot und weiß und doch alle grau. Arbeiten ununterbrochen in seinen Gefäßen, befördern zu wenig Sauerstoff und tragen den Plaque ab.

Tag und Nacht. Zehn Stunden am Stück – dann kommen andere.

Vierzig Jahre – dann kommen andere.

Fünfhundert Jahre – es werden immer andere kommen...

Dialyse der Mine.
Ihr eigenes Leben ist längst in den Hintergrund gerückt. Es dient dem Überleben ihres Wirts, dessen Kreislauf nicht kollabieren darf, während sie selbst allmählich sterben. Sie trinken, sie rauchen, sie konsumieren. Sie hämmern, sie sprengen und wenn sie Glück haben, finden sie. Wir finden sie!

Ana beginnt ein Gespräch, und als die Bergmänner ihre Werkzeuge aus der Hand legen und fragen, woher ich komme, werden die Blutkörperchen zu Menschen, die sich doch von allen unterscheiden, die mir bisher begegneten. Wie eine eigene Spezies passten sie sich über Generationen der Mine an. Mit ihrer gekrümmten Haltung, der grauen Kleidung und dem grauen Helm tarnen sie sich vor den steinernen Wänden. Sie sind klein und gezeichnet, ihre Hände rau und verletzt. Ihre Mienen sind ein Abbild der Mine: Ausgehöhlt, grob und zerfallen. Müde Augen, die denen eines Hundertjährigen gleichen, blicken leblos in die Dunkelheit. Das Leben hat sie müde gemacht. »Ich arbeite hier schon seit der Kindheit. Ich musste meinem Vater helfen, wie er seinem Vater. Nur so konnte unsere Familie überleben. Das ist illegal, aber interessiert niemanden. Damals nicht und heute auch nicht!«, erzählt einer der Bergmänner.

Seine Backentasche ist ausgebeult, mit Coca-Blättern gefüllt. Er trägt seinen Motor im Mund, der die knochenharte Arbeit überhaupt ermöglicht. Die Zähne und Lippen sind vom ständigen Konsum tiefgrün verfärbt. Die *Hojas de Coca* halten wach, steigern die Leistungsfähigkeit, rauben das Gefühl von Hunger und machen die dünne Luft erträglicher. Sie sind das einzige, was die Mineros zu sich nehmen. Blatt für Blatt schieben sie in ihre Wange, vier Stunden lang, dann lässt die Wirkung nach. Die grüne Masse wird ausgespuckt, unmittelbar durch Neue ersetzt.

So, wie alles im *Cerro* eben schon immer war.

Ohne Frust, aber auch ohne jede andere Emotion schildern die Bergmänner ihr Dasein: Sich in die Mine abseilen, Stunde um Stunde mit Hammer und Meißel Löcher in die steinernen Wände schlagen, Sprengstoff platzieren und die Zündschnur in Brand setzen. Dann bleiben vier bis fünf Minuten, um die Kollegen durch Schläge an die Wand zu warnen und sich in Sicherheit zu bringen, ehe die nächste Tonne Gestein laienhaft, aber gekonnt aus dem Berg gebombt, das Labyrinth erweitert, die Orientierung erschwert wird. Glück hat, wer an der richtigen Stelle sprengt, Unglück, wer nichts findet. Wenn man nicht vorher stirbt, stirbt die Hoffnung zuletzt.

Es ist eine sich stets wiederholende Tätigkeit, ein Leben lang.
Monotonie der Mine.
Es ist ein Alltag unter Tage, der weniger Tage zählt, als der anderer Menschen. Er zählt oft nur bis vierzig.
Es ist eine Gleichförmigkeit, die meist nur dann ein Licht am Ende des Tunnels kennt, wenn ein anderer Minero entgegenkommt.
Es ist ein dunkles Dasein in finsterer Einsamkeit.
Ein bedrückendes Leben, ein beengtes Leben.
Eines Tages mögen sie Silber finden...
...doch wann finden sie Glück?
Oder ist das dann Glück?

In ihren Augen suche ich nach dem Ausdruck, der die Gefühle verrät, die ihre Worte nicht enthalten. Doch der Blick in ihre rotgeäderten Augen reicht nicht tiefer, als mein Blick in die Stollen vordringen kann: Die Mine spiegelt sich in ihren Augen. Ihre sie umfassende äußere Welt, gleicht ihrer sie ausfüllende inneren Welt. Die Welt hingegen, die sich außerhalb des Stollensystems vollzieht, ist ein ihnen fremdes Milieu. Sie versinken in der Tiefe, wenn die Sonne aufgeht und tauchen auf, wenn die Sonne untergegangen ist. Wie Nachttiere in ihrer Höhle, leben sie, als sei die Hölle unter Tage ihr Zuhause. Im schnellen Tempo durchkriechen sie flink die Stollen, kennen jede Erhebung und jede Kurve, jedes Geräusch und jedes Gestein. Verspeist von dem Ungeheuer, das sie selbst nährt, unterernährt, sind die Mineros längst Teil der Mine und funktionieren in ihrem Rhythmus.

Wo ist der Mensch in dem Menschen, der gerade vor mir steht?

In einem kleinen dankbaren Lächeln, als wir die mit Coca-Blättern gefüllte Tüte übergeben, erkenne ich ihn. Ich bin froh, doch verleiht dieser Moment dem Ganzen eine andere Dimension.

Unmenschliches Menschsein!

03. Juni 2010

Die Gegenwart ist nicht besser, nur anders schlecht

Als wir die Bergmänner in ihrem finsteren Zuhause hinter uns lassen und den Weg zurück schweigend beschreiten, macht sich das mir so vertraut gewordene Gefühl der Ungerechtigkeit in mir breit: Ich betrete den *Cerro* und ich verlasse ihn wieder und vollziehe damit die gleichen Schritte wie die Mineros. Doch ich darf zwei Worte hinzufügen: Ich verlasse den *Cerro* **für immer**.

Das Grau der Mine frisst sich in mich hinein. Alles was ich sehe, alles was ich fühle, ist grau. Das hässliche Bild um mich herum, malt sein hässliches Bild in mich hinein. Keine bunten Gedanken, keine farbigen Bilder, nur silberne Tränen, die längst versiegt sind und doch nie trocknen können.

Wie ist die Situation heute? Nach der Verstaatlichung im Jahr 1952 wurde die Mine allmählich privatisiert. Inzwischen besitzen verschiedene Genossenschaften die Schürfrechte des Berges, die die Bergleute organisieren, ihnen Teile der Mine zuweisen und sie nach Angaben diverser Tourveranstalter angemessen bezahlen.

Die Arbeiter verdienen entsprechend ihrer Produktion, der Mineralpreise und des internationalen Marktes. Findet ein Minero eine Mineralader, darf er in diesem Teil weiterarbeiten, bis er ihn ausgeschürft hat.

Niemand weiß genau, wie viele Mineralien die Mine noch enthält und wie es mit dem Ort und seinen Bewohnern weitergeht, wenn der Strom ihrer Adern eines Tages versiegt.

Was passierte mit dem Silber? Das Silber, das die Spanier in den Jahren zwischen 1503 und 1660 aus der Neuen Welt – neben Potosí war vor allem der Ort Zacatecas in Nordmexiko ein großes Silberlager – über den Atlantik verschifften, floss vorrangig in Kriegsflotten, Hofstaaten und Luxusgüter und aufgrund der Verschuldung des spanischen Königs an die Börsen Europas. Das Silber finanzierte das spanische Weltreich und war zugleich das Startkapital für die ökonomische und industrielle Entwicklung Europas. Diese

Zeit gilt als Beginn des modernen Kapitalismus und begründet unseren heutigen Wohlstand mit.

Was hat sich verändert? Noch heute bedingt die Ausbeutung der einen, die Entwicklung der anderen – die Andenländer sind Rohstoflieferanten und keine aktiven Akteure auf dem Weltmarkt: Bolivien liefert Zinn, Eisenerz und Lithium; Peru und Ecuador liefern Gold. Sie sind die Sklaven des kapitalistischen Systems. Keine aktiven Mitspieler, sondern passive Figuren, mit denen man spielt.

Aber zum Glück lernen wir ja aus den Fehlern der Vergangenheit! Wir begehen nicht mehr die gleichen, dafür aber viel größere, weil wir immer neue erfinden.

Längst geht es nicht mehr nur um die Schätze des Bodens, es geht um den Boden selbst. Die reichen Staaten kaufen die Ackerländer anderer Staaten. In Zeiten der Globalisierung befindet sich der *Garten* einer Nation einfach hinter dem *Gartenzaun*. Man sichert, was aufgrund von Klimaveränderungen und der wachsenden Bevölkerung bald im Ausverkauf sein wird und erklärt die einheimischen Arbeitskräfte zu billigen Gärtnern. Es ist die moderne Art des Kolonialismus, noch immer vom Egoismus beherrscht. Und noch immer auf Kosten anderer. Denn für die, für die andere nicht viel übrig haben, wird nie viel übrig bleiben.

Ist der kleine Bürger im großen Weltensystem nur eine Marionette, von mächtigen Händen gelenkt, die er nicht kennt? Medial manipuliert und vollkommen kontrolliert? In den kommenden Jahren soll ein Prozent der Weltbevölkerung mehr Vermögen besitzen als die übrigen neunundneunzig Prozent. Demokratie hin oder her.

Diese Reichen spinnen!

Diese Reichen spinnen

mit ihren Marionettenfäden ein Netz, durch das Informationen und Anordnungen fließen, von denen ein Normalbürger wohl nie erfährt. An der langen Leine und in den Fängen ihrer Netze klein und dumm gehalten, scheinen wir für eine wirkliche Veränderung ohnmächtig. Wenn man die Armut aufgrund des eigenen Wohlstands nicht bekämpfen will, wird sie weiter existieren!

Es hat sich also kaum etwas verändert, obwohl sich so viel verändert hat. Fast fünfhundert Jahre sind seit der Stadtgründung von Potosí vergangen. Doch diese schreckliche Geschichte ist noch immer nicht abgeschlossen. Nicht in Potosí und auch nicht an den vielen anderen Orten dieser Erde, in denen tagtäglich mit den gleichen Prinzipien vorgegangen wird. Herrschen und beherrscht werden, ausbeuten und ausgebeutet werden, unterwerfen und unterworfen werden, das alles ist wohl im Menschensein inbegriffen und – aller fortschrittlichen Entwicklung zum Trotz – bestehen sie noch heute.

Nur weil die Zeit fortschreitet, kann man nicht von Fortschritt reden, sondern vielmehr von Stillstand oder gar Rückschritt.

Was hat die Kirche damit zu tun? Die vielen Kirchen begeistern mich, aber weil sie an so vielen schrecklichen Dingen beteiligt waren, weiß ich nicht, ob ich vor Ehrfurcht oder nur vor Furcht erstarren sollte, wenn ich sie betrete.

Menschen mit religiösem Hintergrund vereinigten damals ihren Missionsauftrag mit Massenmord. Die katholische Kirche nahm die hohe Opferzahl bereitwillig in Kauf, um in prachtvollen Kirchen mit pompösen Altären einen Menschen zu ehren, der die Einfachheit predigt. Wenn die Kirche unter einem zu großen menschlichen Einfluss steht, fehlt ihr der göttliche Kern und wenn der Glaube blind macht, hat er sein Ziel verfehlt. Da kann man nur hoffen, dass bald wieder ein Wunderheiler auftaucht, der Blinde sehen lässt und Sünden vergibt.

Scheinbar war es schon immer so, dass der Einzelne sich an der Masse orientiert. *Doch an wem oder was orientiert sich die Masse? Am Zeitgeist!?* Aber wenn der Zeitgeist nicht geistreich, sondern geistarm ist, stimmt die Richtung nicht. Hat sich der Einzelne verlaufen, bleibt dies unbemerkt; hat sich das Kollektiv verlaufen, endet das in einer Sackgasse.

»Was ihr den Geist der Zeiten heißt,
Das ist im Grund der Herren eigner Geist,
In dem die Zeiten sich bespiegeln.«
Johann Wolfgang von Goethe in Faust

Hinterher ist man immer schlauer, aber scheinbar nicht besser. Denn die Gegenwart ist nicht besser, sie ist nur anders schlecht.

04. Juni 2010

Uyuni im Juni

Spät am Abend erreiche ich den im südlichen *Altiplano* gelegenen Ort Uyuni, der für seinen angrenzenden Salzsee bekannt ist. *Uyuni* stammt aus der Aymara-Sprache und bedeutet *Platz der Lasttiere.* 1889 vom damaligen bolivianischen Präsidenten Aniceto Arce gegründet, leben heute etwa zwölftausend Menschen in dem von Wind und Kälte geschundenen Dorf, das ringsherum nur von Leere umgeben ist. Es ist ein entlegener Fleck dieser Erde, an dem nur ein paar Straßenlaternen ihr orangefarbenes Licht versprühen.

Die anderen Passagiere des Busses haben sich mittlerweile in ihre Unterkünfte verstreut und so warte ich schon bald allein auf meinen Abholservice, den meine bereits in Potosí gebuchte Tour enthalten soll – *enthalten sollte...* Die südamerikanische Leichtfertigkeit für nur einen Augenblick zu vergessen, hat scheinbar immer Folgen – niemand holt mich ab! Und weil ich zu dieser späten Stunde mehr an die Unverbindlichkeit als an die Unpünktlichkeit der Südamerikaner glaube, betrete ich wahllos ein Taxi und hoffe, dass es zumindest die Unterkunft gibt, die ich ebenfalls schon bezahlt habe.

Klare Luft, ein von Sternen übersäter Himmel und ein frierendes Ich im Taxi. Als wir das gesuchte Hotel erreichen, habe ich fast den ganzen Ort gesehen. Wir können den Inhaber aus dem Bett klingeln und das auf meinen Namen gebuchte Zimmer gibt es überaschenderweise wirklich, nur über den Abholservice verliert keiner ein Wort. Auch sonst ist kein Laut vernehmbar, weil die anderen Gäste vermutlich längst hinter den verschlossenen Holztüren schlafen. Der Inhaber verharrt nicht länger als nötig in den kalten Gängen des Flures, überreicht mir den Zimmerschlüssel und lässt mich mit der Nacht und der Kälte allein.

Zitternd öffne ich den *Gefrierraum* und darin meinen Rucksack. Ich packe mein *Reisezuhause* aus und ziehe alles an, was mein *Kleiderschrank* hergibt. Aber nicht einmal vier Kleiderschichten und drei Decken können mich in dieser Nacht wärmen und so lasse ich mich vom Frost umarmen, während meine Gedanken mit dem Uhrzeiger ihre Runden drehen. Die Zeit vergeht viel zu langsam – der Zeiger scheint eingefroren und irgendwann sind meine Gedanken es auch. Ich habe mich *ausgedacht* und mir sehnsuchtsvoll ausgedacht, wie der Himmel wieder Farben malt, der Tag die Nacht ablöst und hoffentlich ein wenig Wärme bringen kann.

05. Juni 2010

Als endlich jemand das Laternenlicht ausknippst und die ersten Sonnenstrahlen Uyuni beleben, taue ich unter der Dusche wieder auf, räume meinen *Kleiderschrank* ein, ziehe mein *Reisezuhause* auf, schließe den *Gefrierraum* und frühstücke unter einem strahlend blauen Himmel. Überall werden die Rucksäcke der Reisenden auf die Dächer der Jeeps verladen – der Ort ist offensichtlich noch heute ein *Platz der Lasttiere.* Mehr als achtzigtausend Besucher reisen mittlerweile jährlich durch den majestätischen Salzsee von Uyuni.

Um 10.30 Uhr ist auch unser Jeep für die dreitägige Offroad-Tour gerüstet. Eduardo versteckt sich hinter einer Sonnenbrille und unter einer warmen Mütze. Er ist der Guide von einem brasilianischen Paar, das allein durch die portugiesische Sprache Erinnerungen an meine Zeit in Brasilien weckt, einem Belgier, der seit zwei Jahren die Welt bereist sowie zwei Mädels aus New York und mir.

Die Salzwüste und ihre Rohstoffe. Der *Salar de Uyuni* ist die größte und höchstgelegene Salzpfanne der Erde. Sie erstreckt sich auf einer Fläche von 160 Kilometern Länge und 135 Kilometern Breite über den südwestlichen Teil von Bolivien und entstand laut einer Sage aufgrund des 5400 Meter hohen Vulkans Tunupa, der bei dem Volk der Aymara heilig war: Die Menschen glaubten, dass in früheren Zeiten zwei benachbarte Berge Mann und Frau waren. Nachdem die Tunupa ihr Kind geboren hatte und herausfand, dass ihr Mann eine Andere liebte, vermischten sich die salzigen Tränen mit ihrer Muttermilch und ließen so den Salzsee entstehen.

Der moderne Mensch hingegen meint zu wissen, dass der *Salar* vor Jahrmillionen durch das Austrocknen des andinen Binnenmeers Lago Minchins entstand.

Wie auch immer: Jedes Jahr zur Regenzeit zwischen Dezember und April füllt sich der *Salar* mit Wasser und kann bis in den Juni überflutet sein. Wenn das Wasser verdunstet, bleibt eine bis zu sieben Meter dicke Salzkruste zurück. Man schätzt, dass über zehn Milliarden Tonnen Salz hier lagern, von denen jährlich etwa 25.000

Tonnen abgebaut werden. Für die lokale indigene Bevölkerung stellt der Salzabbau seit jeher beinahe die einzige Einnahmequelle dar. Als Salzbauern fristen sie auf 3500 Metern in der kleinen Siedlung Colchani fern der restlichen Welt ein einfaches Leben.

Montones de sal, Salzberge, die man zum Wasserentzug aufschichtet

Neben dem Salzabbau gewinnt die Lithium-Gewinnung an immer größerer Bedeutung. Das Leichtmetall gilt als der bedeutendste Rohstoff der Zukunft, weil es in nahezu allen batterie- oder akkubetriebenen Geräten enthalten ist. Es wird bereits als das *neue Gold der Anden* betitelt.

Mehr als die Hälfte der gegenwärtigen Weltreserven dieses Rohstoffs befindet sich in Boliviens gigantischer Salzpfanne. Das Vorkommen wird auf neun Millionen Tonnen geschätzt.

Um die wertvollen Lithium-Salze zu gewinnen, muss die Salzkruste zunächst abgetragen werden und die darunter liegende Lauge verdunsten. Für die Herstellung der Lithium-Ionen-Akkus müssen die Salze anschließend veredelt werden.

Unter der Führung des bolivianischen Präsidenten Evo Morales will der Andenstaat sowohl die Förderung als auch die Verarbeitung des Metalls ohne die Hilfe ausländischer Konzerne und Investoren bewältigen – ein schweres Unterfangen unter den Bedingungen dieser abgeschiedenen Welt: Ohne Strom, Wasser und Gas verlangt die Arbeit in der dünnen und trockenen Höhenluft den Menschen einiges ab. Hinzu kommen die extreme UV-Strahlung, eine miserable Infrastruktur sowie die rückschrittlichen technologischen Mittel. Doch die Bolivianer kämpfen gegen das Schicksal ihrer Vergangenheit: Ein zweites Potosí wollen sie mit allen Mitteln verhindern. Diesmal wollen sie selbst von den Schätzen profitieren, die die Natur ihrem Land geschenkt hat und mit dem Gewinn dem Kreislauf der Armut entrinnen. Doch bis dahin ist es noch ein langer Weg und die Zeit sitzt ihnen im Nacken.

Surreale Welt. Auf 3670 Höhenmetern pfeift ein eisiger Wind über das flache Hochland. Die gnadenlose Kälte prallt wie eine Peitsche in mein Gesicht. Hier habe ich das Gefühl, am Ende der Erde angelangt zu sein und durch ein Fenster in eine andere, unwirkliche Welt zu blicken. Ihre Formen und Farben kenne ich nicht! Ihre Laute und Lichter verstehe ich nicht! Undefinierbar schweben Wolken über der Ebene, die wie an dünnen Fäden in weiter Ferne aufgehängt sind. Das endlose Weiß des Salzes blendet. Als lasse ein Künstler seiner Hand freien Lauf, mutet diese grandiose Landschaft an wie ein Gemälde von Salvador Dalí, von dunklen Bergen eingerahmt. Das Salz erscheint wie Schnee. Alles ist surreal.

Winter im Juni, oh Juni, Uyuni..

Dieser Zauber lässt die Eiseskälte vergessen. Benommen öffne ich das Fenster und betrete die vor mir liegende, fremde Welt. Sogleich weht der Wind die alte Welt aus mir heraus und haucht mir eine neue ein. Freiheit! Hier ist alles anders, hier ist alles möglich. Ohne Horizont verliert das Auge den Maßstab. Man kann auf einer Hand ein Auto tragen und ohne Schwierigkeiten auf einer Flasche balancieren – die Natur spielt Streiche. Das Auge kann nicht scharf stellen, obwohl es nicht verschwommen sieht. Der Verstand ist ohnmächtig, weil die Sinne hellwach sind. Der Künstler in mir, trifft die Kunst in der Welt. Darf endlich sein. Ein wenig verrückt, ein wenig entrückt. Darf endlich sehen, was er in so vielem erkennt. Am Ende der Welt, ist die Welt am Ende, aber die Kunst am Anfang und ich mittendrin. Endlich.

Nach einem kurzen Halt am *Friedhof der Züge*, auf dem ausrangierte Dampfloks und Waggons aus alten Zeiten ruhen, rast Eduardo mit Höchstgeschwindigkeit über das unbegrenzte Weiß der Isla Incahuasi entgegen. *Incahuasi* bedeutet *Haus des Inka* und ist vermutlich die einzige Insel, die mit dem Auto erreichbar ist. Etwa achtzig Kilometer nordwestlich von Uyuni wachsen die hiesigen Kakteen nur einen Zentimeter im Jahr – einige sind bis zu zwölf Meter hoch!

San Juan. Über wegloses Gelände rasen wir tiefer in die ferne Welt. Wo Salz in Sand übergeht und die Wüste irgendwo mit dem Himmel verschmilzt, erreichen wir das Dorf im Nichts, das Dorf im Alles.

In San Juan treffen die bizarren Vulkan- und Wüstenlandschaften auf eine spärliche Zivilisation. Die täglichen, aber wohl längst noch nicht alltäglichen Besucher nächtigen in Salzhotels, deren Böden, Wände, Tische, Bänke und Betten aus Salz bestehen. Ein paar einfache Häuschen, wenige schmale Straßen aus Sand und einen kleinen Laden – mehr gibt es nicht, mehr braucht man nicht. Es herrscht Stille. Nur die Kälte schreit, als könne sie sich selbst nicht länger ertragen.

Ich weiß um die Besonderheit dieses Ortes, die ich vermutlich nur in dieser Intensität genießen kann, da ich schon morgen weiterreisen werde. *Von was zehren die hier lebenden Menschen?* Als Einsiedler unter widrigsten Bedingungen in dieser Welt, fern der unseren, sind sie von Schönheiten umgeben, die dennoch derart irreal sind, dass sich ihre Skurrilität auf die eigene Seele überträgt. Die Wüste ist lebendig und leblos zugleich und überträgt sowohl ihre Klarheit als auch ihre Ödnis auf den, der sich in ihr bewegt.

Als die Sonne untergeht und sich mit ihr auch die kaum spürbare Wärme hinter den Horizont absenkt, trägt der Künstler Farbe auf: Rote Wolken entzünden wie grelle Feuerbälle beinahe den Boden. Der Himmel brennt! Er fasziniert uns alle und zieht mich so sehr in seinen Bann, dass mir fast schwindelig wird. Es mag derselbe Himmel sein, doch nie habe ich einen schöneren gesehen.

Berauscht verfolge ich das sich verändernde Farbspiel, bis das glühende Himmelsfeuer schließlich als Sternenmeer über der Wüste liegt. Es bildet den Kontrast zum unter ihr liegenden Dorf: Die Milchstraße ist hell erleuchtet, während die Straßen von San Juan das Licht nicht kennen. Der Ort ist so unbelebt, wie mein Körper nach mittlerweile fast drei schlaflosen Nächten. In der Hoffnung, dass meine Müdigkeit die Kälte endlich bezwingt, krieche ich ermattet unter die Massen aus Decken, die mein Salzbett und die Temperaturen um den Gefrierpunkt bereithalten.

06. Juni 2010

Bildband Uyuni. Tatsächlich habe ich in dieser Nacht tief und fest geschlafen und bin früher wach als das Dorf, das wohl erst wieder erwacht, wenn der nächste Touristenschwarm aus dem Nichts anfliegt. Tagsüber herrscht hier nur Wüste. Keine Menschen, keine Lebendigkeit. Nur der Wind faucht durch die wenigen Häuserreihen und auf der anderen Seite in die vertraute Leere zurück. Der Ort scheint sich in der endlosen Weite dieser Welt verloren zu haben, doch wirkt er nicht gespenstig, sondern eigenartig inspirierend. Er kennt die Ablenkungen eines modernen Lebens nicht, kennt bloß den Ton des pfeifenden Windes, der meine Seele ausstaubt, indem er mir eine weitere Schicht des Luxus auszieht.

Nachdem unser Jeep bepackt ist, verschluckt uns die grandiose Weite wieder. Seite für Seite dieser Welt schlage ich um, und auch zum Ende meines Aufenthaltes auf dem südamerikanischen Kontinent, sieht jede anders aus. Mein Staunen gleicht dem Blick auf den *Salar*: Kein Ende in Sicht. Eduardo rast über Sandhügel, blättert pausenlos und viel zu schnell im Bildband von Uyuni, sodass ich wehmütig aus dem Fenster schaue. Ich möchte Seiten zurückblättern oder in einem Bild verweilen können, die Tür des Autos öffnen, meine Welt verlassen und in die des Buches eintauchen, doch ich verharre im

Auto und fühle mich fremdgesteuert. Ich bin nur Beifahrerin und so ist es, als läse der Fahrer die schönste Geschichte in einem Tempo vor, in dem ich sie nicht verstehen kann.

Musik macht aus Worten mehr. Aus dem Lautsprecher ertönt Musik. Irgendwie unpassend, so weit entfernt von allem, was mich an Menschen erinnert und doch genau richtig, wo es ums Menschsein geht. Die Leere der Wüste wirft einen immer auf sich selbst zurück.

Musik drückt aus, was Worte allein nicht schaffen. Sie intensiviert die positiven Gefühle und ist die plastische Träne der Traurigkeit. Musik versteht, wenn kein anderer begreift und drückt aus, was man manchmal selbst nicht vermag. Sie ist der ausdrucksstarke Ton einer sonst nur stummen Emotion und die Umarmung, wenn kein Freund da ist. Und während ich nur sprachlos die wunderbare Welt in mich hineinschweigen kann, schreit sie für mich das Glück zurück in die Welt. Sie ist mein Echo der Freude, des Glücks Resonanz.

Noch bin ich mittendrin – in meinem Traum. Vierundzwanzig Tage bleiben mir, bis mich der deutsche Alltag wieder über den deutschen Boden treibt. In diesem Augenblick ist der Gedanke, ohne Unfall und Diebstahl, ja sogar ohne den Versuch beraubt zu werden, aber mit so zahlreichen Eindrücken in der Heimat zu landen und die vertrauten Gesichter wiederzusehen, ein buntes Rezept von Empfindungen. Seine Zubereitung bereitet mir Vorfreude. Es kocht in mir, aber schmeckt auch ein bisschen nach Verwirrung und Abschiedsschmerz. *Wo ist nur die Zeit geblieben...?*

Reisebegegnungen. Wir rasen über die scheinbar unendliche Hochebene stets in Richtung Süden. Am Fenster ziehen karge Vulkane und farbenreiche Lagunen vorbei, filigrane Flamingos und kunstvolle Felsformationen halten in akrobatischer Attitüde die Balance und gewaltige Steine liegen mitten im Nichts herum, als hätte sie jemand vor langer Zeit dort ausgeschüttet.

Wir bewundern gerade den *Arbol de Piedra*, den *Baum aus Fels*, dem Sandstürme, Wind und Regen auf 4400 Höhenmetern seine groteske Form verliehen, als jemand meinen Namen ruft. *Johanna?* Ein fast vergessener Klang! Sandy und Aurelie, die beiden Französinnen, die ich in Cusco kennengelernt und auf Machu Picchu sowie in Rurrenabaque wieder getroffen habe, grinsen mich an.

Wir begrüßen uns herzlich und als wir von unseren letzten beiden Wochen erzählen, müssen wir feststellen, dass wir nur wenige Tage versetzt auf denselben Pfaden unterwegs gewesen sind. Das Hupen von Eduardo reißt uns aus dem Gespräch. Er winkt fordernd und setzt den Jeep schon in Bewegung, während wir noch schnell einen Treffpunkt vereinbaren, um ab Chile gemeinsam weiter zu reisen.

Weiter im Jeep, zurück in der Wüste: Keine Straße, kaum Vegetation. Nur ein paar Vicuñas halten sich hier auf, wo die Fahrspuren der Jeeps stundenlang parallel im Wüstensand verlaufen. Sie sind der Spiegel meiner Reisebegegnungen: Lange Parallelen, immer wieder Steine auf dem Weg, holpriger Untergrund, bergauf und bergab, nur selten kreuzen sich die Wege.

Wie angenehm im Jeep, wie kompliziert im Leben.

Doch nach einem schleppenden Anstieg, verstehe ich vom Gipfel den Grund für manche Anstrengungen: Von hier ist der Blick atemraubend und ich erkenne genau, dass die Stunden, denen ich zu entfliehen wünschte, später die wertvollsten Geschenke überreichen. Geduld ist eine Tugend, die ich in Tälern nicht beherrsche. Dabei ist Glück nur durch Unglück erfahrbar und eine bunte Welt erscheint nur dann farbenfroh, wenn man sie auch mal in schwarzweiß sehen musste. Alles hat seine Zeit. Vielmehr hat jede Zeit auch ihren Sinn. Jetzt empfinde ich tiefes Glück.

Laguna Colorado. Etwa 350 Kilometer südwestlich von Uyuni gelegen, ist die Laguna Colorado der letzte Halt des heutigen Tages. Die bunte Lagune macht ihrem Namen alle Ehre: Grüne Algen, weiße Boraxflächen, ockerfarbenes Andengras, der blaue Himmel mit weißen Wolken bespickt und das Wasser von kupferhaltigen Mineralien und Plankton rosarot gefärbt. Es gibt kaum eine Farbe, die es hier nicht gibt. Außerdem brüten in dieser Abgeschiedenheit die drei seltenen Arten der Andenflamingos. In Gedanken friere ich dieses Bild ein und bei Temperaturen von zehn Grad unter dem Gefrierpunkt ist nichts leichter als das.

Herberge im Niemandsland. Eine halbe Stunde später erreichen wir das nächste Gefrierhaus, in dem uns Eduardo in dieser Nacht einlagert. In der einfachen Herberge, in der der Wind an den klapprigen Fenstern rüttelt, teilen sich die Insassen mehrerer Jeeps die Schlafsäle. Ein kleiner Ofen und eine warme Suppe können uns für kurze Zeit aufwärmen, ehe die gefräßige Kälte wieder um sich schlägt. Wenn man wegen diesem Miesepeter nichts mehr spürt und auch das Gefühl des Nichtspürens ausblenden möchte, ist Alkohol ein wahrer Freund: Bei Wein, Bier und Cuba libre spielen wir Karten und die Kälte aus. Ich genieße die feuchtfröhliche Geselligkeit eines ausgelassenen Abends, unter der ich später leider leiden muss. Auf fast 4300 Höhenmetern wirkt der Alkohol ein bisschen anders und ist später alles andere als mein wahrer Freund. Minimale Drehversuche bringen mein Herz derart zum Schlagen, dass ich in einigen Momenten ernsthaft um den Morgen bange. Eingepackt in mehrere Hosen, dicke Pullover aus Alpakawolle, Handschuhe, Stulpen und einer Mütze, erwarte ich bei minus fünfzehn Grad ein letztes Mal den erlösenden Morgen, ehe wir uns dem Meeresspiegel wieder zweitausend Meter annähern.

07. Juni 2010

¡Chau Bolivia! Schon um 5.30 Uhr beendet das Klingeln mehrerer Wecker meine einsame Nachtwache und holt die anderen aus ihrem Schlaf. Wenige Minuten später verschnürt Eduardo die Rucksäcke auf dem Dach des Jeeps, der sich zunächst genauso verschlafen und eingefroren dem Morgen verweigert wie wir. Erst beim dritten Versuch ertönt das Motorengeräusch und zwei Scheinwerfer erleuchten die Wüste, über der sich das Tuch der Dunkelheit ausbreitet und sie mit eisiger Hochlandkälte bedeckt. Kleine Rinnsale sind gefroren und ich frage mich, ob die Temperaturen des Tages sie bis zur nächsten Dämmerung auftauen können – der Bach und ich wären heute im Memory ein Pärchen.

Wie ein routinierter Bergsteiger klettert die Sonne Schritt für Schritt hinter den Vulkanen hinauf und verwandelt die Gesteine in orange brennende Feuerwände. Sie wirft lange Schatten und betont kleinste Erhebungen mit harten Konturen. Jede Fahrbahnrille und jeder Stein, fast jedes Sandkorn macht sie unwillkürlich zu ihrem Mitspieler. Alles erleuchtet in außergewöhnlichem Licht. Jeden Tag wechselt die Natur ihr Kleid und an jedem Tag beweist sie Geschmack, indem sie ihre Kleidungsstücke gekonnt aufeinander abstimmt.

Die Morgensonne taucht die Hochebene in ein einzigartiges Licht

Seit vielen Stunden meine ich, ich müsse träumen, doch bin ich noch immer wach, weil diese fremde Welt, die auf der anderen Seite scheinbar keinen Ausgang besitzt, mich kaum schlafen lässt.

Die kochenden Geysire, die ihre Fontänen etwa zehn Meter hoch in die Luft speien, sind der Grund für unser frühes Aufstehen. Wegen des extremen Temperaturunterschiedes sind sie nur in den frühen Morgenstunden sichtbar. 4850 Meter über dem Meeresspiegel blubbert und zischt es von überall. Beeindruckend! Dann fahren wir weiter, baden im dreißig Grad warmen Naturpools *Termas de Chalviri* und steuern als letztes Ziel die smaragdgrüne Laguna verde an, deren einzigartige Farbe ihr der hohe Mineralgehalt verleiht. In ihr spiegelt sich der 5920 Meter hohe und lange schon inaktive Vulkan Licancabur, der die Grenze zwischen Bolivien und Chile unter sich begräbt.

Die Laguna verde mit dem Vulkan Licancabur im Hintergrund

Nach drei Tagen über Salz und Sand, vorbei an farbenprächtigen Lagunen, fauchenden Geysirbecken und durch eine vom Wind zerfressene Vulkan- und Wüstenlandschaft, erreichen wir die Grenze zu Chile. Ausreisestempel, Einreisestempel. Dann verabschiede ich mich von einem Teil unserer Gruppe und winke auch Bolivien zu.

Viel zu kurz war meine Zeit in diesem spannenden Land. In Hitze und Eiseskälte, in geschäftigen Städten und einsamer Natur, mit interessanten Menschen und Preisen, die niedriger nicht sein könnten.

Und während wir vom *Altiplano* Boliviens nach San Pedro de Atacama in Chile herunterrollen und die Höhe niedriger wird, klettern die Preise ungewohnt steil nach oben. Hostels für umgerechnet 2,50 Euro, frisch gepresste Fruchtsäfte für dreißig Cent und Mittagessen für einen Euro, sind nun genauso Vergangenheit wie spannende indigene Gesichter und ein lebendiges Straßenleben.

07. Juni 2010

San Pedro de Atacama ist meine Oase

San Pedro de Atacama ist eine Gemeinde in der Atacamawüste, die aus mehreren Siedlungen besteht. Diese sind nur von wenigen Menschen bewohnt und liegen derart isoliert voneinander entfernt, dass in einigen weder eine Versorgung mit Strom und Wasser, noch eine Telefonanbindung besteht.

Die gleichnamige Flussoase San Pedro de Atacama ist mit fast zweitausend Einwohnern die größte Siedlung der Kommune. Hier bin ich nach drei Tagen durch den bolivianischen *Salar de Uyuni* gelandet und treffe, wie vereinbart, die beiden Französinnen am Bus-Terminal. Gemeinsam checken wir in einem der vielen Hostels ein, die neben den Restaurants, Reiseagenturen, Internetcafés, Wäschereien und Souvenirläden das Bild des Ortes bestimmen. Es ist unschwer zu erkennen, dass er vom Tourismus lebt: Überall Backpacker und überall alles, was Backpacker gebrauchen können. Rund fünfzigtausend Touristen sollen hier jedes Jahr auf ihrem Weg zwischen Chile, Argentinien und Bolivien Halt machen.

Nach Tagen der Entbehrung auf dem kargen *Altiplano*, das einen verweichlichten Menschen so unvorbereitet mit den rauen Elementen der Natur bekannt macht und ihm einiges abverlangt, ist das Hiersein wie ein Auffangbecken für strapazierte Reisende. Man kann Kraft tanken, den Rucksack neu sortieren, die Wäsche waschen, im T-Shirt durch die lehmigen Straßen schlendern und sich von der Welt in den Schlaf wiegen lassen. Zwanzig Grad fühlen sich nach der letzten Woche an, als würde ich in den warmen Strahlen der Sonne baden.

San Pedro de Atacama ist eine Oase.

San Pedro de Atacama ist *meine* Oase.

Neben dem Ort, meint es auch mein Reisedrehbuch gut mit mir. Das Auffangbecken fängt nicht nur mich auf. Es ist auch ein Staudamm für die Menschen, die mir während der Reise, wenn auch nur flüchtig, begegnet sind. Es scheint, als sei der Ausgang der Wüste das Tor in eine andere Form des Reisens.

07. Juni 2010

Karma von Atacama

Sternstunde meiner Reise. Noch am selben Tag buchen Sandy, Aurelie und ich die Tour *Las estrellas*, die *Tour zu den Sternen.* Es soll ein Ausflug in den Himmel, ins All, ins Staunen sein, dabei ist es eine Reise in die Relation, nach der ich mich abends vergeblich unter dem Mikroskop suche – so winzig bin ich, doch der Heimat relativ näher denn je. Der Blick über den Tellerrand verrückt die Verhältnisse. Er sortiert und ordnet mich neu.

Treffpunkt ist um 19:00 Uhr an der Ecke der Straßen Caracoles und Domingo Attienza. Es ist stockdunkel, als wir San Pedro de Atacama hinter uns lassen und in die trockenste Wüste der Erde eintauchen, in der nur an durchschnittlich vier Tagen im Jahr Regen fällt.

Die Scheinwerfer des Busses erleuchten die bis zu sechstausend Meter hohen Berge und Vulkane und schließlich die Astrofarm von Alain Maury. Der französische Astronom verließ im Jahr 2003 sein Heimatland, um die Sterne dort zu beobachten, wo sie am besten und am häufigsten sichtbar sind: Hier, in Chile, in der Atacamawüste.

Maury verliebte sich in diesen Ort, fernab der Zivilisation, wo die Luft so einzigartig trocken, klar und sauber und die Nacht noch dunkel ist. Und an diesem Ort in eine Frau. Mittlerweile seine Frau. Und blieb. Seither wohnen die beiden mitten im Nichts, welches für sie aber mehr nicht sein könnte. Wenn der Nachthimmel sein Licht entzündet, springt die Flamme auf ihre Begeisterung über und die Nacht wird für sie zum Tag. An fast jedem Abend erklären sie Menschen aus aller Welt den Nachthimmel. Die *Tour zu den Sternen* ist einzigartig und immer ausgebucht. Es mag an ihrer Gastfreundschaft liegen, an ihrem Humor oder an der Fähigkeit, nicht greifbare und unendlich entfernte Dinge dennoch auf den Boden zu bringen. Vielleicht ist es aber auch einfach nicht schwer, andere zu begeistern, wenn man selbst für etwas brennt.

Wir steigen aus dem Bus und augenblicklich sind die Blicke aller gen Himmel gerichtet. Es scheint, als könne man an diesem Ort gar nicht anders! Ein schlanker Mann tritt aus einem kleinen Häuschen, begrüßt und lädt uns in sein Zuhause ein.

Nur der Schein einer Kerze erleuchtet den runden, von Lehmwänden und krummgewachsenen Holzbalken getragenen Raum, in dem vierundzwanzig Menschen verschiedener Nationen im Kreis sitzen. In ihren Gesichtern inszeniert das Kerzenlicht spannende Schattenspiele und entfacht eine milde Wärme. Während seine Frau Tee und heiße Schokolade serviert, entführt uns der Franzose gekonnt in das Universum. Ich tauche ein. In seine Worte und durch diese in die Welt, von der er spricht.

Unter den Zuhörern herrscht gebannte Stille und ein jeder lässt sich von den Worten davon tragen, mit denen Maury den Raum beseelt. Es ist ein magischer Moment, der uns die Anonymität auszieht und eine wundervolle Harmonie unter Fremden entfacht. Wir sind alle gleich – unter dem riesigen Firmament plötzlich ganz klein.

Dann verlassen wir den Raum, in dem sogar die Fenster in den Himmel schauen, gehen nach draußen und doch viel weiter...

Überwältigt blicken wir zu den Sternen, in die Landkarte des Himmels. Alain Maury beginnt ganz simpel: »Was lange nicht bekannt war, ist heute selbstverständlich: Die Erde ist rund und dreht sich. Es ist egal, ob wir uns auf der Nord- oder Südhemisphäre befinden, wir fallen nicht herunter. Der Globus dreht sich einmal am Tag um sich selbst und bewegt sich zugleich im Weltall. Es wird Tag, es wird Nacht; es wird Sommer, es wird Winter. Auf der Südhalbkugel sehen wir einen anderen Sternenhimmel als auf der Nordhälfte«. Noch kann ich folgen. Dann hebt Maury vier Sterne hervor: Das *Kreuz des Südens*. Mit einem Laserpointer veranschaulicht er diese und skizziert ein Kreuz in den Himmel.

Er erklärt Sternbilder, Galaxien, Benennungen und redet immer schneller, obwohl es immer komplizierter wird. Der grüne Laserstrahl verliert sich irgendwo im Himmel. »Der hellste Stern am Firmament heißt *Sirius*. Er ist etwa 8,6 Lichtjahre entfernt und ungefähr 240 Millionen Jahre alt. Und das da drüben, das sind die *magellanschen Wolken*, Zwerggalaxien in der *Nähe* der Milchstraße, der Galaxie, in der sich unser Sonnensystem befindet. Jene Zwerggalaxien sind über 170.000 Lichtjahre entfernt und beinhalten jeweils mehr als fünf Milliarden Sterne. Da ist der *Mars* und da der *Saturn*«.

Seine Worte überschlagen sich und verbreiten das Gefühl, als rede er über den Stadtplan von San Pedro de Atacama mit seinen rund siebenhundert kleinen Häusern. Für ihn scheint alles ganz klein und übersichtlich, für mich hingegen ist es eine Welt, die ich in dieser Fülle zum ersten Mal erblicken darf.

Beflügelnde Worte beflügeln die Gedanken. Wir blicken durch die Teleskope und zählen die Sternschnuppen, während Maury die Distanzen und die dafür benötigte Reisedauer nennt: Von der Erde zu den Planeten, von den Planeten zu den Sternen. Mir wird schwindelig. Von der Geschwindigkeit seiner Worte, den Entfernungen irgendwo im Nirgendwo und davon, dass meine Gedanken an ihre Grenzen stoßen. Sie versuchen zu folgen, bemühen sich zu verstehen und sind doch so viel kleiner, als die Dimensionen, die der Franzose zu begreifen scheint.

Ich bin in meinem Kopf gefangen!

Irgendwo hört der Verstand auf zu verstehen, obwohl es so viel mehr zu erfassen gäbe.

Aber seine Leidenschaft, die verstehe ich – egal, ob er Spanisch, Französisch oder Englisch spricht. Seine Worte beflügeln und nehmen mich mit auf die Reise – ich hebe ab:

Wie in einer fremden Stadt, irre ich im nächtlichen Himmel orientierungslos durch die Straßen. Mein Blick schweift suchend zwischen den mir unbekannten Sternen, zwischen Mars und Saturn umher und versucht die Worte des Franzosen zu *den* Sternbildern zusammenzufügen, in denen er zuhause zu sein scheint.

Die Reise geht mir zu schnell.

Binnen weniger Minuten fliegen wir gemeinsam durch einen Teil des Firmaments und sogleich zurück auf die kleine Erde, in unseren Kreis verschiedener Nationen. Zurück bis in unsere Ohren, die alle an seinen Lippen hängen und unsere zum Lachen bringen.

Es ist ein Hin und Her. Ein Weltensprung, wie ein Katzensprung, bei dem ich nicht sicher landen kann. Wir sind zurück auf dem Boden, weil Maury plötzlich eine Information über die Erde einwirft, die zwischen all den Himmelsgeschichten ganz fehl am Platz wirkt: »Einige Wetterstationen in der Atacamawüste haben noch nie einen Tropfen Niederschlag verzeichnet«, sagt er ganz *trocken*, als habe ihn seine Leidenschaft hier unten, so weit von da oben entfernt, verlassen und fügt erklärend hinzu: »Dass in dieser Gegend keine Regenwolken entstehen, ist im Osten auf die Anden zurückzuführen – die Atacamawüste liegt in ihrem Regenschatten. Im Westen sorgt der Humboldtstrom für recht kalte Luft, die nur wenig Feuchtigkeit aufnehmen kann. Die dennoch entstehenden kleinen Wolken oder Nebel verdunsten über der Küste, sodass kein Regen fällt. Nur das Klimaphänomen *El Niño*, das im Abstand von sechs bis zehn Jahren den kalten Strom zurückhält, bringt heftige Niederschläge und das Erblühen der Wüste mit sich«.

Das war's auch schon. Länger hält sich der Franzose hier unten nicht auf. Er hebt wieder ab und ich versuche erneut zu folgen: Seinen Worten und seinen Wegen, seinen Zahlen und seinem Humor. Doch hoch oben im Nachthimmel verliere ich zunächst ihn, dann die Orientierung und schließlich die Relation.

Ich habe mich verlaufen.

Der Weg auf die Erde zurück ist so weit, dass ich ihn nicht mehr finde. In weiter Tiefe erkenne ich sie als winzigen blau-grünen Ballon, der im Licht der Sonne tanzt. Er wird abwechselnd hell und dunkel und schaltet in der Dunkelheit Milliarden Lichter an. In diesem Augenblick, scheint es schier unvorstellbar, dass auf dieser kleinen Kugel all die Kriege, Probleme und derart großes Elend und zugleich so unermessliche Schönheit existieren. Alles bis ins Detail perfektioniert, damit es funktionieren kann.

Was für ein mächtiges Wunder!

Unglaublich, dass dieser gigantische Körper des Weltalls ein so kleines Element wie die Erde beherbergt. Und dass dieser gigantische Körper der Erde ein so kleines Element wie den Menschen beherbergt. Und dass dieser gigantische Körper des Menschen ein so kleines Element wie die Zelle beherbergt – ist es da nicht merkwürdig, dass ein kleines Zellknäuel im Kopf des Menschen den ganzen Rest zu verstehen glaubt und zu beherrschen versucht?

Wie klein der Mensch doch ist!

So klein, dass er seine eigene Bedeutungslosigkeit im Weltraum
nicht erfassen kann.

Und wir machen uns Gedanken um ein graues Haar, um den kleinen Pickel auf der Stirn oder um die Sommersprosse auf der Nase, die doch unter dem T-Shirt viel besser platziert wäre. Darüber, dass die Hose zu kurz ist, der Pulli ein Loch hat und der Nachbar schon das neueste Modell besitzt, das man sich selbst erst leisten kann, wenn es längst überholt ist. Wir untersuchen das eigene Leben mit kritischer Lupe, während wir das große Ganze übersehen, weil wir es unter jener Lupe nicht finden können. Wie sehr wir uns in unserem eigenen kleinen Leben verlieren. Uns an allem aufreiben und uns nie fertig aufgerieben haben.

Ist das wirklich alles?

Hier oben bemerke ich, wie winzig ein Jeder und wie unendlich der Rest ist! Der Alltag erscheint so unfassbar nichtig. Und eine Lebensspanne von siebzig oder achtzig Jahren gleicht nicht einmal einem Atemzug. Kaum sind wir da, sind wir schon wieder fort. Ganz unbemerkt, obwohl uns das eigene Leben so wichtig vorkommt.

Ich höre die Wünsche, wenn Sternschnuppen auf die Erde fallen und sehe, wie Menschen kleine Sorgen zu großen Luftballons aufblasen, ehe sie diese endlich loslassen können. Auch von mir in der Vergangenheit aufgeblasene Luftballons ziehen an mir vorüber. Ich steche sie auf und lasse die Luft heraus. So wird in der Schwerelosigkeit die schwere Sorge plötzlich leicht und ein großes Problem ganz klein. *Wäre das Leben doch nur immer so einfach...*

Aufgewirbelter Staub über der Fensterbank. »Denn Staub bist du und zu Staub sollst du wieder werden«. *Genesis 3:19*

Die Dimensionen des Kosmos im Blick, begreife ich die Nichtigkeit eines Menschenlebens: Im großen Ganzen sind wir alle nicht mehr als Staub auf der Fensterbank. Es muss nur mal jemand darüber wischen und schon sind wir fort. Einfach aus dem Leben gerissen. Bei unseren Liebsten hinterlassen wir eine Lücke und sind für sie nicht mehr greifbar, weil wir eine Zeit lang durch das Universum reisen. Dabei sind wir immer alle gleich. Wird jemand von der Fensterbank gewischt, ändert er nur das Transportmittel – er ist dann schwerelos und endlich die Schwere des Lebens los, kann weiter und schneller und sogar kostenlos durch die Welt und noch viel weiter reisen, aber er kann unsichtbar auch immer ganz nahe sein. Wie unglaublich tröstlich!

Der Kosmos kennt keine Grenzen, die bauen nur wir. In ihm geht nichts und niemand verloren. In ihm sind wir nie wirklich weg und eigentlich nie wirklich da, weil wir – wenn wir da sind – so oft woanders sein wollen.

Im fernen Nachthimmel, wo die Luft so klar ist, wird mir alles klar: Es bleibt alles gespeichert. Hier oben kann der Wind nichts wegwehen. Alles, was gedacht und gefühlt, geliebt und gehasst, wie gehandelt und wonach gestrebt wird, ist auf der Festplatte der Menschheit gespeichert. Die Geschichte, die sie schrieb, schreibt in der Gegenwart die Zukunft, die sie erwartet. Ein einziger Mensch fällt dabei kaum ins Gewicht, die ganze Menschheit hingegen bestimmt seit jeher die *Atmosphäre*.

Alle Gedanken und Gefühle, alles Lieben und aller Hass, alles Handeln und alles Streben sind hier oben erkennbar. Es sind die *unsichtbaren Ausscheidungen* des Menschen, meist nicht einmal wahrgenommen, im Unbewussten abgesondert oder ganz schnell vergessen. Aber auch aller Menschen Seelen schweben hier umher wie Staubpartikel über einer Fensterbank, die das Nachmittagslicht der Sonne reflektieren. Wenn die Zeit gekommen ist, legen sie sich wieder nieder. Sie kehren aus der Schwerelosigkeit zurück und beginnen erneut zu leben. Als ein anderer, doch tief im Inneren immer noch derselbe.

Ob das Herz schlägt oder der Schlag verstummt, macht für das Universum keinen Unterschied – wir sind da, und wir werden immer da sein! Als Teil des großen Ganzen, sind wir aus *den* Bausteinen gebaut, aus denen alles Leben besteht: Vergänglich und ewiglich zugleich.

Das ist das Karma von Atacama.

Wo die Sterne noch sichtbar sind. Atacamawüste: Schatzkammer des Salzes, Kupferlager, Gebirgsketten bis zu 6500 Meter hoch und die Sterne zum Greifen nahe. Ich greife zu und fasse doch daneben. Ich begreife gar nichts, da alles unfassbar ist. Aber erfasse ein bisschen das Unbegreifliche. Demut. Stille. Dunkelheit. Nur der Sternenhimmel strahlt und der Franzose mit einer Leidenschaft, die ansteckend ist.

Und während er unaufhörlich von *Mars* und *milky way* spricht, bekomme ich allmählich Lust auf Schokolade: »Laut einer Sage entstand die *Milchstraße* durch den Säugling Herakles. Während die göttliche Hera schlief, trank dieser als fremdes Kind an ihrer Brust, um ebenfalls göttliche Kräfte zu erlangen. Doch sie erwachte und stieß ihn zurück. Der Strahl ihrer Milch spritze über den gesamten Himmel, wo die Milchstraße noch heute als hell schimmerndes Band über das Firmament zieht«.

Tatsächlich erkannte Galileo Galilei im Jahr 1609 durch den Blick seines Teleskopes, was mich im Jetzt fasziniert: Dass dieses weiße Band über hundert Milliarden Sterne beheimatet – so etwas habe ich noch nie gesehen!

Hier, wo die Nacht noch schwarz und die Luft noch klar ist, reicht die Nacht viel weiter als bis zur nächsten Straßenlaterne und ist reicher, als mit ein paar hundert Sternen und mit dem Mond bestückt.

Immer ist er da, der Nachthimmel, der bezaubert und vermeintlich große Dinge ganz klein macht. Er wäre ein Therapeut, der vielen anderen Therapeuten die Patienten stehlen würde. Doch die künstlichen Beleuchtungen rücken ihn vielerorts so weit in den Hintergrund, dass er keine Hauptrolle mehr spielen darf: Bunte Neonlichter lassen es immer hell sein, Geschäfte sind nur noch wenige Stunden geschlossen. Nichts ist unmöglich – alles ist möglich – sogar die Nacht kann der Mensch zerstören!

Die Elektrizität ist die neue Natur. Wir leben mit dem Lichtschalter und gehen mit der Zeit – der Nachthimmel als Orientierung, Taktgeber und Geschichtenerzähler ist Vergangenheit. Mit der Lichtverschmutzung machen wir viele Tiere orien*tier*ungslos und berauben uns eines der ältesten Kulturgüter der Menschheit: Der Betrachtung des Sternenhimmels. Er verschwindet, obwohl er existiert, und eines Tages glauben die Menschen vielleicht auch an ihn nicht mehr.

An diesem Abend jedoch, versteckt er sich weder hinter Smogglocken, die das Licht von Straßenlaternen oder Leuchtreklamen brechen, noch liegt er hinter Displays versteckt, die vermeintlich Interessanteres offenbaren. »Früher hat der Himmel unterhalten und die Menschen haben seinen Sternen Namen gegeben«, sagt unser Geschichtenerzähler. Im Vergleich zu rasend wechselnden Fernsehbildern, ist er ein Standbild und dennoch in Bewegung. Im Osten tauchen Sterne auf, im Westen verschluckt sie die Erddrehung. Planeten wandern. Nicht sichtbar für einen Moment, aber sichtbar, würde man ebenso oft in den Nachthimmel schauen wie in den Fernseher. Wie in einer fremden Stadt, kann man sich auch in ihm orientieren, wenn man ihn mit Blicken durchläuft, in ihn einzieht und sich ihm vertraut macht.

Ich fliege noch durch das Sternenzelt, als von der ferngelegenen Erde Applaus ertönt. Der Franzose kommt mit seinen beflügelnden Worten zum Ende und reißt mir damit auch meine Flügel vom Leib. Wie ein toter Vogel falle ich vom Himmel. Ich lande auf dem kalten Wüstensand und begreife die Kostbarkeit und den Zauber unserer Welt. Sie ist bunt und zum Staunen da! Sie will mit allen Sinnen erfahren werden. Die Zeit ist zum Schimpfen und Klagen, zum Vergleichen und Beneiden, zum Streiten und zum Kriegen viel zu kostbar. Wir sind viel kleiner und unbedeutender als wir meinen und außerdem immer nur einen Atemzug davon entfernt, von der Fensterbank gewischt zu werden.

08. Juni 2010

Über das Schreiben I

Mein Online-Blog. Ein bisschen beneide ich die Reisenden, die überall und zu jeder Zeit ihren Laptop aus der Tasche zücken und sich in einem reizlosen Raum die Reize des eigenen Kopfes von der Seele schreiben können. Egal wo, egal wann. Im Hostel, im Café oder auf der Parkbank. Die Wartezeit am Terminal ausnutzend oder die Zeit im Bus überbrückend – während ich inmitten virtueller Kriege meine Texte verfasse. Schusswechsel von Computerspielen, die Kulisse des Straßenverkehrs, temperamentvolle Musik und aufgeregte Gespräche in verschiedenen Sprachen dringen in den überfüllten Internetcafés oft lauter zu mir als meine eigenen Gedanken. Doch mir bleibt keine andere Wahl, als die Kriegsatmosphäre zu erdulden, die pubertäre Jungen in der stickigen Luft entfachen und die sich ihren Weg bis auf meine Tastatur und das Display in Form dieser Buchstaben bahnt.

Und während Gedanke für Gedanke sichtbar und die Texte immer länger werden, bin ich innerlich zerrissen: Das *Außen* erscheint viel zu sehenswert, um meine Zeit vor dem Bildschirm zu verbringen, aber das *Innen* ist viel zu beladen, um meine Zeit im Außen zu verbringen. Ich muss mein Innenleben zunächst ausschütten, um der Außenwelt neuen Raum in mir zu gewähren.

Denn meine Gedanken gleichen einem Fließband, das durch meinen Kopf läuft: Nehme ich einzelne Elemente nicht herunter, fahren sie in die Vergessenheit. Sie einfach zu speichern und in der Heimat erneut zu öffnen, um sie dort mit gleicher Lebendigkeit niederzuschreiben, ist unmöglich. Die Zeit, die Distanz und das so anders anmutende Europa würden meinen Gedanken die Intensität und die Details stehlen. Es wäre ebenso aussichtslos, wie die Fotos erst in Deutschland aufnehmen zu wollen, um die Gegenwart nicht durch ein Objektiv betrachten zu müssen.

So lasse ich die südamerikanische Wirklichkeit immer wieder hinter der Tür und den Fenstern vorbeiziehen, um jeden Moment mit allen Sinnen und nicht alle Momente, aber ohne Sinne zu erleben. Denn das wäre *sinn-los.*

Text veröffentlichen – wieder ein neuer Eintrag auf meinem Online-Blog. Und dann schließe ich die Seite und bezahle die Stunde, die ich irgendwo zwischen meinem Kopf und einem anonymen Bildschirm verbrachte. Ich öffne die Tür, der Straßenlärm weht in mein Gesicht und dreht seine Lautstärke auf, während die Musik und Schüsse hinter mir verstummen. Der Krieg ist vorbei. Mit leerem Kopf kann ich nun die Welt wieder aufsaugen und schlendere zurück ins Hostel, wo Reisende mit ihrem Laptop in der Hängematte abhängen. *Vielleicht gehört es einfach zu meiner Geschichte über die fremde Welt dazu, dass ich auch meine Texte in einer fremden Welt verfasse!?* In einer kleinen Welt, die an jedem Ort verlässlich auf mich wartet und ein bisschen das lebt, worüber ich schreibe.

Mein Zeichenblock. Geknicktes Papier, durchblätterte Seiten, von der Sonne geblichene Worte. Ausradierte Sätze und ergänzende Zeilen machen meine Geschichten lebendiger als eine schematische Computerschrift, die keinen Prozess bekennt. Ihre vermeintliche Perfektion hat zu wenig Charakter. Mein Block hingegen lebt – er ist mein Reisebegleiter. Und das Kostbarste, was ich bei mir trage.

Seine Schrift und deren Farbe verraten, an welchem Ort ich welche Worte niederschrieb. Ein Kaffeefleck erinnert an ein Café, kaum lesbare Zeilen an eine kurvenreiche Busfahrt. Mal kleiner geschrieben, mal schwungvoller, mal nur wenige Zeilen auf einer Seite, dann wieder seitenweise Wort an Wort – jede Seite ist anders, weil jeder Tag anders ist und seine ganz eigenen Seiten hat. Es gibt kein *Times New Roman*, Schriftgröße zwölf und auch kein *Arial*, Schriftgröße zehn. Das wäre viel zu platt! Viel zu einfach für die kunterbunten Turbulenzen einer Reise.

Schon jetzt kann ich die aufkommende Nostalgie erahnen, wenn ich die Seiten meines Blocks in der Heimat durchblättern werde:

Er wird nach Südamerika riechen.
Er wird erzählen, sobald ich ihn aufschlage.
Er wird meine Vergangenheit erwecken und Fernweh bezwecken.
Gefühle aufwirbeln.
Gedankenreisen buchen, Gedankenkreisen andrehen.
Den Globus zum Drehen bringen und die Zeit anhalten.
Stille versprühen und Laute einfangen.

Er wird alles bunt anmalen, was meine *Kopfuhr* längst in das Erinnerungsalbum geklebt hat.

Mein Herz aufwühlen und meinen Blick wieder richten.

Er steckt voller Emotionen, war stets an meiner Seite. Er weiß alles! Und ich weiß: Reisen ist auch ohne Laptop ein Privileg! Und das bisschen Rückständigkeit birgt einen ganz persönlichen Wert.

08. Juni 2010

Über das Schreiben II

Die Welt aus Worten. Ich denke, ich müsse sie längst alle auf Papier gebracht haben. Aber mit jeder Seite bemerke ich, dass sechsundzwanzig Buchstaben – in verschiedenen Kombinationen aneinandergereiht – verschiedene Worte bilden. Und dass unendlich viele Worte – in verschiedenen Kombinationen aneinandergereiht – unendlich viele Geschichten bilden.

Ich bin Gedankensammlerin und Bildmalerin, doch weil ich nicht malen kann, zeichne ich *Worte* auf das Papier. Solange ich unterwegs bin, ist kein Ende in Sicht und selbst da, wo die Welt endet, beginnt die Welt in meinem Kopf. Er formuliert, tüftelt und schreibt, kennt keine Pause und erst recht keinen Schluss. Er ist eine *Schreib-Maschine* und bemerkt nicht, dass ich kein Papier nachlege. Er schreibt ins Nichts, sodass sich die Worte am Satzende in eine Buchstabensuppe auflösen.

So wie ein Sieb das Wasser weder einfangen noch aufhalten kann, fließen die Gedanken durch meinen Kopf. Manche nur für wenige Sekunden, manche bleiben länger hängen. Im Filter meiner Gedanken sammelt sich nur das Bedeutsame – die Essenz, das Destillat, das Wesentliche – der Rest strömt unbeirrt weiter.

Die wertvollsten Gedanken sind oft die, die nicht anklopfen. Die plötzlich da sind, als hätte sie ein anderer in mich hinein gelegt und weil ich sie vergesse, wenn ich sie nicht sofort niederschreibe, ist mein Rucksack voll von Papierfetzen – ein wirres Puzzle aus Gedanken.

Wenn ich schließlich Papier nachlege und meinen Bleistift zücke, muss ich die *Buchstabensuppe* wieder auslöffeln, indem ich versuche, die Lettern in die richtige Reihenfolge zu bringen. In ungünstigen Situationen, während wackeliger Busfahrten und unter fragenden Blicken fremder Augen, versuche ich meine Gedanken mit dem Bleistift einzuholen – doch obwohl meine Hand über das Papier rauscht, wie ich über den Kontinent, wie der Zeiger über das Zifferblatt, wie mein Leben durch die Zeit, sind die Gedanken meist schneller.

Wenn ich kein Papier bei mir trage, fühle ich mich arm, weil mir die Schätze davon laufen.

09. Juni 2010

Eine Geschichte am Rande von Chile

Nach nur zwei Tagen in Chile, verlasse ich das längste Land der Erde und fahre gemeinsam mit Sandy und Aurelie nach Salta, in den Nordwesten Argentiniens. Zwölf Stunden Fahrt stehen uns bevor und zwölf Stunden Fahrt bedeuten: Zwölf Stunden aus dem Fenster sehen und zwölf Stunden den eigenen Gedanken zuhören.

Innerhalb von fünfzig Kilometern legen wir über zweitausend Höhenmeter zurück. Dann zieht Asphalt verlassen durch verlassenes Land. Das *Altiplano* macht seinem Namen alle Ehre: Es ist *hoch* und *flach* und die Landschaft wieder einsam und einzigartig. Neben den Vulkanen und Lagunen gibt es nur Vicuñas und Flamingos. Der spärliche Gegenverkehr besteht aus vereinzelten Lastwagen.

Nach etwa 160 Kilometern überqueren wir den Jama Pass und erreichen damit den Grenzübergang zu Argentinien, an dem bereits die Passagiere mehrerer Busse auf die nächsten Stempel in ihre Reisepässe warten. Keine Ahnung, wie lange es dauert, aber es dauert lange.

Atempause der Wirklichkeit. Auf 4275 Höhenmetern faucht ein eisiger Wind über die Ebene. Ich verkrieche mich tiefer in meiner Jacke, und während ich mit der Zeit spiele und diese eine Stunde vordrehe, spielt das Leben mit mir – ein Würfelspiel. Es würfelt eine *Vier*: Beim Blick in die vielen fremden Gesichter, schaue ich plötzlich in ein bekanntes: Annikin! Die Norwegerin, die auf dem Hinflug nach Lima neben mir saß. Die Norwegerin, die ich nur wenige Tage später auf einem Konzert irgendwo in Lima traf, die mir ihre E-Mail-Adresse gab, die ich noch am selben Abend verlor. Die Norwegerin, mit deren Cousine ich in Ecuador *zufällig* ins Gespräch kam, durch das sich jene Verbindung herausstellte. Die Norwegerin, die mir auf dubiose Weise immer wieder begegnet und die mir mit ihrem direkten und indirekten Auftauchen eröffnet, dass die Erde viel kleiner ist, als ich glauben möchte.

Nachdem sich unsere Wege nun über vier Monate nicht gekreuzt haben, schaue ich ungläubig in ihr Gesicht, in das der kalte Wind des Hochlandes immer wieder ihre hellen Haarsträhnen weht, als sie auch mich entdeckt. Mit ihrem Mann sitzt sie im selben Bus wie ich.

Die Momente der Begegnung, wenn man die Koordinaten *Raum und Zeit* vereinbart hat, faszinieren mich. Doch Momente, in denen man sich an wahllosen Orten zu willkürlichen Zeiten begegnet, ohne ein Treffen vereinbart zu haben, lassen mich mit einem ehrfürchtigen Gefühl zurück.

23° 14S, 67° 4W, 09.06.2010, 12:34 Uhr.

Das Wesen unserer Begegnungen offenbart die Synchronizität des Seins und zeigt auf, dass das Dasein aus einer Kette aneinandergereihter Ereignisse besteht, die uns schweigend umhüllen. Das Hinzufügen, Entfernen oder Verändern einzelner Elemente birgt ein anderes Ergebnis. Wie ein unsichtbares Netz umgibt uns die Vielzahl der möglichen Entscheidungen. Jeder Knoten des Netzes ist eine Kreuzung des Lebens. Alles ist verbunden. Niemand sieht die Verbindungen, aber durch Augenblicke wie diese, sind sie erfahrbar.

Hätte eine von uns aufgrund einer beliebigen Begebenheit einen anderen Bus, eine andere Reiseroute oder einen anderen Zeitpunkt gewählt, wäre dieser Grenzübergang nur der Grenzübergang zu Argentinien. So führt er uns an die Grenze des Zufalls.

Diese Augenblicke der Parallelität gibt es immer wieder: Ich schrieb Briefe an Freunde in der Heimat und noch ehe ich sie zur Post brachte, warteten die Antworten auf alle gestellten Fragen in meinem virtuellen Postfach – zeitgleich verfasst, während ich den Brief schrieb. Es war eine gedankliche Begegnung, von der wir ohne ihre Illustration nie erfahren hätten.

An anderen Tagen nahmen mich ohne erkennbaren Grund so intensive Gedanken an Personen in der Heimat ein, dass ich es ihnen per E-Mail mitteilen musste. Doch was ich sendete, konnte keine Aktion sein – es war lediglich die Reaktion auf Gedanken, die bereits ebenso dringend und ohne einen bestimmten Grund in meinem Postfach auf mein Lesen warteten.

In solchen Augenblicken ist es, als halte die Wirklichkeit ihren Atem an. In jener *Atempause der Wirklichkeit* wünsche ich, die Welt aus der Vogelperspektive betrachten zu können, um die Realität eines anderen zu erfassen und die Parallelen aufzuspüren, von denen wir nur wenige erfahren dürfen, da wir in Raum und Zeit gefangen sind.

Jene Augenblicke schenken mir die Gewissheit, dass nur unser Körper an das Hier und Jetzt gebunden ist – die Gedanken sind frei und können reisen wohin sie wollen. Ihre Kraft ist so mächtig, dass sie jede Distanz überwinden und einen anderen Menschen auch in der Ferne berühren können. Das bleibt sicher nicht unbemerkt!

Es mögen unwesentliche Momente oder Gedanken sein, welche die Menschen an verschiedenen Orten zeitnah erleben. Doch das gleichzeitige Tun und Aneinander-Denken lässt das Unwesentliche bedeutungsvoll werden. Dieses Herzenswissen, dass sich Menschen auch in der Distanz nahe sein können, ist in der Ferne manchmal der aufrichtigste Tröster. Das Leben ist viel mehr als das, was wir sehen können. Seine unsichtbaren Linien sind viel komplexer als seine offensichtlichen Verbindungen.

Vielleicht stellt jene *Atempause der Wirklichkeit* aber nur ein Rätsel für den zivilisierten Menschen dar und war für die Naturvölker etwas ganz Gewöhnliches. Unsere moderne Lebensführung hat den Instinkt, die Intuition und die in uns hinein gelegte Weisheit durch neue Errungenschaften ersetzt. Vermutlich könnten wir viel mehr spüren, viel intensiver leben und auf viel tieferer Ebene miteinander kommunizieren, wenn wir die Macht des Verstandes reduzieren und die Ablenkung von uns ablenken würden.

Viel zu oft haben – oder nehmen – wir uns nicht die Zeit, um hinzuspüren und uns einzulassen, damit etwas aus der Stille auftauchen kann. Dabei beschenkt uns das pure Sein in der Gegenwart mit aller Schönheit, Weisheit und Verbundenheit. Es ist immer erfahrbar. Man muss sich nur Zeit für das Jetzt nehmen – es ist immer für uns da. Es wartet auf uns.

Weiter im Bus. Mein Blick schweift in die Weite und vermeintliche Leere dieser Welt, die für mich mit Bändern und Fäden, mit Gedanken und Wünschen, mit Gebeten und Ängsten durchwoben ist. Ich kann sie nicht sehen, aber ich weiß, dass sie da sind – und dass sie wirken!

So wie unser Körper nicht isoliert aus Gliedmaßen, Rumpf und Kopf besteht, so stehen auch wir nicht zusammenhangslos im

Universum – es bestehen unsichtbare, feinstoffliche Bahnen, die alles bahnen. Viele Mediziner vergessen jedoch die Fäden und behandeln, wo es schmerzt – Symptombehandlung. Viele Menschen vergessen die Fäden und leben nicht beherzt – Symptomleben. Ganzheitlich geht anders! Das Kleine ist wie das Große und das Große wie das Kleine, weil alles aus demselben Lebensfaden gestrickt ist. Ist man leichtsinnig, verheddert man sich – ist man achtsam, fühlt man sich vom Leben umgarnt.

Nachdem wir einen weiteren Salzsee, die *Salinas Grandes*, passiert haben, windet sich die Straße auf vielen Serpentinen 1900 Meter in die Tiefe und führt über 155 Kilometer durch die enge und faszinierende *Quebrada de Humahuaca*. Diese Schlucht gehört sowohl dem Weltnaturerbe als auch dem Weltkulturerbe an und lehrt mich kurz vor Sonnenuntergang die Vielfalt der Farben. Als hätte ich noch nie zuvor etwas Buntes gesehen, lässt sie mich als Legasthenikerin der Kolorite dastehen: Braun, rot und orange – das sind nicht drei Farben, das sind hunderte Nuancen dreier Farben!

Auch die Formen der Felsen sind einzigartig. Wind, Wasser und Erosion sind die kreativsten Töpfer. Es ist eine Landschaft, kunstvoll geschaffen, schöner, als jede Menschenhand sie hätte gestalten können. Überdimensional für jedes Auge, für den Verstand sowieso!

Seit Stunden spricht die Natur hinter dem Fenster, obwohl sie nicht reden kann, bewegt meinen Geist, obwohl sie bewegungslos ist, lächelt mir zu, obwohl sie kein Gesicht trägt. Sie unterhält meine Sinne und meine Sinne unterhalten meine Gedanken. So wie es immer ist. Erst als es dunkel wird und die Nacht die Gardinen vorzieht, können sich meine Gedanken allmählich sortieren und an den Grund niedersetzen.

Ich genieße gerade die Stille in meinem Kopf, als plötzlich das Lichtermeer der 230.000-Einwohner-Stadt San Salvador de Jujuy auftaucht, was alles soeben Sortierte umgehend wieder aufwirbelt und vollkommen durcheinander bringt.

KAPITEL III

KULTURSCHOCK HEIMAT

10. Juni 2010

Alles vertraut, alles fremd

Der Bus fährt plötzlich ruhig – ruhiger als jeder andere der vergangenen sechs Monate und ein riesiges Verkehrsnetz tut sich auf, in dem sich die Straßen unter- und überqueren.

Unsere Fahrbahn: Zweispurig.

Meine Gedanken: Fünfspurig.

Es gibt keine Ampeln, keine Staus, kein Bremsen. Weder auf der Straße noch in meinem Kopf. Alles fließt ungehindert. Nur der Blick aus dem Fenster reicht nicht weiter als bis zur Spiegelung der Scheibe, in der ich in meinen Augen das groß geschriebene Wort KULTURSCHOCK lesen kann.

Es ist ein Kulturschock ohne Vorwarnung, der mich aufgrund seiner Unvorhersehbarkeit mehr aus der Fassung bringt als jener während meiner Ankunft auf dem südamerikanischen Boden.

Wo sind die Unebenheiten der Straße, die den Bus zum Wackeln bringen? Wo sind die vielen Taxen, die alten Busse und die kleinen Mototaxis, die jede kleine Lücke füllen? Wann ertönt das erste Hupen? Wo sind die Menschen, die Märkte, die Staus? Wo die fliegenden Händler, die von außen und innen den Bus beschlagnahmen? Wo sind die leuchtenden Schildermeere, die einfachen Häuser und die Menschen in bunten Trachten?

Wo wäre ich, wenn ich jetzt den Bus verlassen würde?

Ich bin orientierungslos.

Mein erster Eindruck von Argentinien:

Ich bin mit dem Bus in Europa gelandet.

Nach zwölf Stunden Fahrt erreichen wir Salta. Kaum ausgestiegen, umkreisen uns unzählige Personen und werben mit Worten und Fotografien für ihre Unterkunft. Als hätte während der Fahrt jemand einen Schalter umgelegt, ist das Leben plötzlich ein anderes: Vielmehr als eine Reisende bin ich plötzlich wieder Kundin und als Kundin wieder Königin.

Breite Lippenstiftlächeln begrüßen uns und sprudeln mit einer Fülle von Informationen, die ich mir in den vergangenen Monaten stets selbst zusammenstellen musste. Außerdem sind Taxiservice,

Warmwasser und Frühstück bei jeder Unterkunft inklusive. Es gibt unzählige Partyangebote und überall kostenloses WLAN, das ganz unschuldig noch etwas Salz in meine nicht vorhandene Tastatur streut – hier ist es ganz selbstverständlich, dass man auch kabellos mit der Welt vernetzt ist.

Die Menschen sind Geschäftsleute: Aufgeschlossen, aber langweilig normal und viel zu geschminkt – mir fehlt sofort das Echte, das Andere! Das Eckige, das Kantige! Das, was meine Gedanken anstößt!

Dennoch schlagen wir genauso schnell zu wie der Kulturschock und checken in einer wahllosen Unterkunft dieser vertrauten Welt ein, die mir in diesem Augenblick so unglaublich fremd erscheint. Sechs Monate später und nur zwei Grenzen hinter dem traditionellen Bolivien erwartet mich überraschend meine alte neue, meine neue alte Welt.

Darauf war ich nicht vorbereitet.

Ich begrüße sie nur leidenschaftslos mit einem unnahbaren, deutschen Handschlag. Näher ist sie mir nicht und näher möchte ich sie in diesem Moment nicht bei mir wissen. Ich wäre eine Verräterin, würde ich sie freudig umarmen. Ich wäre eine Heuchlerin, würde ich auf den Partys tanzen und den Luxus konsumieren, während die Bilder der vergangenen Monate jede meiner Zellen auskleiden.

Sandy, Aurelie, Annikin, ihr Mann und ich wählen die gleiche Unterkunft. Es ist ein Altbaugebäude, nur einen *Cuadra* von der *Plaza Mayor* entfernt. Das Knarren der Holzböden, die hohen Wände und die stilvolle Einrichtung entfachen ein fast vergessenes Gefühl von Atmosphäre. Es gibt ein gemütliches Wohnzimmer, eine saubere Küche und reines Leitungswasser. Das Waschbecken reicht mir zwei Wasserhähne: Kaltes Wasser, warmes Wasser – *was für ein Luxus!* Auch unter der Dusche fließt das *Agua caliente,* wann immer es die Königin wünscht. Keine Stromschläge, keine Wechselduschen. Die Welt ist ein Schlaraffenland – doch ich bin hier fremd.

Nur zaghaft durchblättere ich diese Seiten der Welt. Die Internetverbindung ist mir da einiges voraus: Sie öffnet die Seiten wieder ohne minutenlanges Warten. Warten passt nicht hier her! Die Menschen sind geschäftig, ihre Blicke bergen keine Ruhe. Hektisch versuchen sie den Stress einzuholen und rennen doch der Zeit hinterher. Sie scheinen auf der Flucht zu sein. Manchmal glaube ich, sie versuchen vor sich selbst zu fliehen und müssen immer weiterrennen, weil sie sich nicht abschütteln können. Dabei sind sie dort, wo so viele andere sich hinträumen.

Autos halten an Zebrastreifen, Menschen überqueren die Straßen nur in den Grünphasen der Ampeln, Wechselgeld ist in jedem Geschäft vorhanden und Wegauskünfte erweisen sich als richtig. Alles ist organisiert, alles funktioniert und läuft wie geschmiert.

Hinter polierten Glasfronten entnehmen Männer in eleganten Anzügen der Zeitung das gegenwärtige Weltgeschehen. Es könnte ein Schnappschuss für ein beliebiges Magazin sein – es würde sich international leicht einfügen lassen. Überfüllte Banken, Kleidungsgeschäft an Kleidungsgeschäft an Kleidungsgeschäft und Supermärkte auf Flächen, auf denen ich anderswo ein ganzes Stadtviertel fand. Die Höhe und Fülle der Regale ist schwindelerregend und strapaziert meine Sinne. Keine Straßenmärkte – keine Angst vor Diebstählen.

Auf den Bildschirmen tanzen halbnackte Frauen und demonstrieren mit künstlicher Perfektion einen Schein, der sich hinter einer stundenlangen Maske versteckt. Sie ist auf dem Monitor zuhause, aber in der Realität Maßstab für viele, obwohl sie dort nicht existiert. Gasheizungen wärmen, wenn die Sonne müde wird – die Natur geht in der Stadt unter, die Stadt in der Technik und ich versinke in beiden.

Alles vertraut, alles fremd. Wie der Blick in den Spiegel, dem ein verwirrtes Gesicht entgegenblickt. Ich fühle mich geborgen und zugleich von einem verräterischen Gewissen zerrissen. Viel zu reich, viel zu weich ist das Leben nach den Erfahrungen der letzten Monate, die mein Welt- und mein Menschenbild sowie den Winkel, aus dem ich das Dasein nun betrachte, so radikal verändert haben.

Überfordert über das *Ticket in die Moderne*, welches auf meinen Namen ausgestellt ist, ohne dass ich es buchte, versuche ich verzweifelt zu stornieren. Der Weltenwechsel vollzog sich zu schnell. Auf ihn war ich nicht vorbereitet und nun werde ich zubereitet von Eindrücken, von denen ich glaubte, ich würde ihnen erst drei Wochen später begegnen.

10. Juni 2010

Erste Welt

Argentinien ist auf dem Weg in die Erste Welt. Ein Weg, den man offensichtlich rennend bewältigen muss – man muss sich beeilen. Es ist ein schnelllebiger Wettkampf, der mit starker Konkurrenz einhergeht. Doch die Erste Welt belegt immer den ersten Platz, weil sie mit den neuesten, schnellsten und ergiebigsten Methoden und mit den selbst ausgeteilten Karten besticht.

Nach sechs Monaten in Peru, Ecuador und Bolivien wirkt Salta auf mich wie eine Stadt, die sich im Zeitraffer abspielt. Als würde jemand einen Film vorspulen, rennt sogar die Zeit am unteren Bildrand mit – und mir davon.

Während die Städte der Andenländer Lebendigkeit ausdrückten, wirkt Salta hektisch. Der Ort überträgt keine spontane Gelassenheit, sondern befiehlt Unruhe. Er erzählt keine spannenden Geschichten, sondern langweilige Einzeiler. Er birgt nichts originär Traditionelles, sondern europäisch Geprägtes auf südamerikanischem Boden. Er ist nicht markant und eckt nicht mehr an – hier *läuft* alles wieder: Rund, schnell und reibungslos. Doch ohne Reibung bleibt die Wärme auf der Strecke.

Wenn alles immer schneller geht und weltweit in Verbindung steht, fehlt der Gegenpol:
Das Langsame,
das Getrennte,
das Unmögliche,
das Einzigartige,
das Traditionelle,
das Natürliche,
das Echte.
Der spontane Weltenwechsel erschöpft mich.
Ich bin überlastet und gesättigt.
Und hier verkehrt.
Mein Traum verkehrt sich in diesen Tagen zum Albtraum.

10. Juni 2010

Albtraum: Die analoge Welt ist ausgestorben

Online bin ich weggedriftet. Der stiftlose Schriftverkehr hat mich verkehrt gelenkt. Ich bin von Seite zu Seite gesprungen, wurde immer weiter verlinkt und nach irgendeinem *Seitensprung*, habe ich die Orientierung verloren. Als hätte mich jemand im Kreis gedreht, dreht sich die Welt im Kreis, obwohl ich bewegungslos verharre und nur apathisch auf den Bildschirm starre.

Das Internet hält mich gefangen.

Es ist das Zuhause aller, das Brot für die Welt, die Religion, an die alle glauben, ohne es zu wissen. Hier sind alle gleich, hier ist alles gerecht und doch rächt es sich, denn das Internet ist groß. Unendlich und doch endlich.

Wo ich aufhöre, fängt das Internet erst an: Es hat die Gedanken, die ich selber nicht habe. Es zeigt mir die Orte, an denen ich noch nicht war. Es spricht die Sprachen, die ich nicht verstehe. Es kennt meinen Geschmack und weiß, was ich suche, ehe ich weiß, was ich brauche. Es schlägt mir Freunde vor und Seiten auf, die zu mir passen. Es weiß alles und ich weiß, dass ich nichts weiß, nur wo ich es finde: Im Internet!

Aber das Internet ist groß. Unendlich und endlich grenzenlos! Endlich alle Grenzen los und macht kleine Menschen groß.

Hier hat jeder eine Stimme – sogar der Stumme.

Hier kann jeder mithören – sogar der Taube.

Es ist das Tagebuch aller, auch wenn jeder meint, seines läge sicher – und sicher ungelesen – in der Schublade des Nachttischs. Dabei sind die geheimsten Geheimnisse der großen Geheimdienste und die privatesten Privatsphären der kleinen Privatmenschen online ein offenes Buch, das man doch nicht aufschlagen kann, weil man nichts in den Händen hält und nichts in den Händen hat.

Das Internet ist groß. So groß, dass man sich selbst darin verliert und doch klein genug, um alles andere immer wieder zu finden. Die Datenströme halten mich gefangen wie ein unsichtbares Spinnennetz. Ich will hier raus! Aber das Internet geht nicht aus. Ich bin verloren und habe mich selbst verloren. Die Scheinwelt blendet mit grellem Licht, während sich die *alte Welt* nur in ihr reflektiert. Das Display ist mein Spiegel, aber ich bin nicht reflektiert.

Mein *Traum*-Smartphone klingelt und reflexartig betouche ich mit einer smarten Bewegung den Touchscreen. Mein verwirrtes Ich erbricht ein verwirrtes »Hallo?« ins Nichts, während die Stimme am anderen Ende ein routiniertes »Wo bist du?« als erste Frage entgegnet. *Wenn ich das wüsste*, denke ich und hoffe auf mein smartes Phone. Doch mein GPS-Empfänger empfängt nichts.

»Ich weiß es nicht«, antworte ich verstört.

»Findest du mich?«.

Findest du dich in mir wieder?

Schon bevor ich wach bin, bin ich online. Mein WLAN hat vierundzwanzig Stunden lang beste Verbindung – nur nicht zu mir selbst. Ich surfe mal hier und surfe mal dort, nur nicht auf meiner eigenen Homepage. Ich möchte offline gehen, doch ich finde den Link nicht. So link ist das Internet und so groß die Sucht, die mich täglich viele Stunden heimsucht und mich auf den vielen Seiten immer weiter suchen lässt.

Findest du mich?

Findest du dich in der Sucht wieder?

Wie schwer ist es doch, die Seele zur Ruhe zu bringen, wenn sie immer in Bewegung gehalten wird. Wenn ihre stoffliche Oberfläche an jeder weltlichen Möglichkeit haften bleibt und das sich darunter Befindende immer Wellen schlagen muss und niemals ruhig werden darf. Niemals laut werden darf. Niemals atmen darf, weil es niemand mehr braucht.

Wie schwer ist es doch, die Seele zur Ruhe zu bringen, wenn selbst die Stille laut geworden ist. Das Internet ist niemals leise. Immer nur weise, denn es weiß alles, auch das Sinnlose.

Wie schwer ist es doch, die Seele zur Ruhe zu bringen, wenn man ständig die neuesten Meldungen aus aller Welt verfolgt und das Leben der anderen mitlebt. Wie ein kleiner Parasit, der immer mitisst, aber nie satt wird, klebe ich auf den Seiten der anderen, während meine Seiten sich nicht füllen, weil sein Wirt ihn nicht mit Leben füttert. Weil das Leben der anderen so aufregend ist und das eigene Leben nur aufregt, weil das Leben der anderen so lange weilt und das eigene Leben nur langweilt, bin ich online immer so gerne unterwegs.

Analog bin ich immer einsam, aber online bin ich nie allein. Hier habe ich tausende Freunde, die Dinge mit mir teilen, sich mir mitteilen und online mit mir verweilen. Dabei sind ihre Gesichter verzerrt, genau wie Realitäten: Als Avatars feiern sie Urlaube, Hochzeiten und Partys, die Schattenseiten hingegen verbergen sie offline – deshalb will da ja auch keiner mehr sein. Man stellt nur hin und wieder einen positiven Ausschnitt ins Netz rein.

Die virtuelle Existenz zeigt gebündelte Extravaganzen und das besondere Leben der anderen. Völlig unzensiert und ganz ohne Fotoshop bin ich dagegen froh, wenn sich mein Gesicht nicht im Bildschirm spiegelt, das meinem Profilbild nur im Profil gleicht. Trügerische Wahrheit! Die Abgründe der Seele stellt niemand zur Schau.

Wie die Werbung mit perfekt anmutenden Charakteren spielt, entwerfen wir in den sozialen Netzwerken einen makellosen Katalog unseres Selbst. *Haben wir die falschen Vorbilder? Oder die falschen Bilder vor uns?* Perfekte Ästhetik, Erlebnishunger und hungern bis wir dem Ideal entsprechen – tief im Innern kann uns nichts mehr satt machen. Wir haben Hunger nach Leben und bemerken es nicht, weil die Apathie nicht gern spricht. Die innere Leere wird im Außen gefüllt, zugemüllt und vom Aktionismus umhüllt.

Wie schwer ist es doch, die Seele zur Ruhe zu bringen, wenn man sich ständig fragt, wie viele ungelesene Nachrichten im virtuellen Briefkasten warten. Dabei ist es gar nicht das *Wer* oder das *Wie viele* – es ist viel mehr das sinnlose *Ob* jemand geschrieben hat. Ob da etwas ist, das man öffnen kann. Wie ein Geschenk, dessen Inhalt man nicht kennt und wie ein Spender, dessen Namen man nicht nennt, braucht man nur das Blut.

Online gehe ich den Weg zum Briefkasten deshalb unablässig, während ich den Blick in mein Postfach vor der Haustür nur noch einmal wöchentlich wage. Eine Nachricht auf dem überholten Briefweg kann ohnehin nicht von Bedeutung sein – sie hat Zeit. Wie schön für sie, denn die habe ich nicht! Denn online ist immer was los und deshalb bin ich die Zeit los, ohne zeitlos zu sein. Immer auf dem Sprung und doch nie zum Absprung bereit, vergeht die Zeit und bleibt einfach nicht stehen und auch nicht bei mir.

Wieder ein Klick auf *Posteingang* – meine Zwangsneurose bekommt immer mehr Gewicht. Infiziert habe ich mich online und wenn ich die Sendezeit meiner E-Mails mit der Antwortzeit vergleiche, ist längst eine Epidemie ausgebrochen. Liegen zwischen *Senden* und *Empfangen* mehr als sechzig Minuten, ist meine Angstneurose aktiviert und ich sorge mich, dass der Angeschriebene, der Patient im Nachbarbett, an seiner Neurose verstorben ist. *Ich hätte längst eine neue Nachricht erhalten müssen*, was der Verabreichung meiner nächsten Tablette gleicht, sodass endlich die Angst weicht.

Doch nichts passiert.

Über Skype setze ich einen Notruf ab und klingle vergeblich nach meiner Schwester. Zur Ablenkung gehe ich Online-Shoppen und bezahle über Online-Banking die Rechnung meiner Online-Bestellung. Das Internet kennt keinen Sonntag, das Internet ist immer nett.

Das Internet kann alles, nur meinen Hunger stillt es nicht und so bedaure ich, dass Fast Food nur schnell und nicht schlank ist. Ich möchte es im Postfach haben und nach dem Download entpacken. Einen Buchstabensalat als Leibgericht, aneinander gereihte Lettern, die meine innere Leere füllen und meinen Hunger nach Gemeinschaft stillen. Nicht kochen, keinen Abwasch machen, *kann das Internet das nicht machen?* Denn ich kann hier nicht weg, sonst verpasse ich was.

Ich schlucke den Hunger, aber er macht mich nicht satt. Denn in mir lebt ein Teil, den weder das *Ob*, noch die Nahrung füllen kann. Nur ich könnte ihn füllen, wenn ich wüsste, wo ich bin. Wenn ich wüsste, wer ich bin und zwar ohne eingeloggt zu sein. Wenn ich wüsste, wer ich offline wäre, würde es mich dort noch geben. Aber da bin ich ja nicht, sonst verpasse ich was. Nur einmal in der Woche, wenn ich den Weg zum Briefkasten wage, wo mir niemand mehr begegnet und mich nichts erwartet.

Aber online ist immer was los. Die ganze Welt wittert twitternd, dass was passiert und zittert, wenn was passiert. Immer ist irgendwo Unruhe, denn über Ruhe kann man nicht berichten. Immer passieren irgendwo Katastrophen, denn der Alltag schreibt keine Geschichten.

Wir lieben das Extravagante und brauchen den Rausch,
Normalsein war gestern und Traditionen auch.

Unser Leben ist hinter den Bildschirm gerückt. Es findet zweidimensional, also ziemlich flach, vor kleinem Horizont statt. Die Tiefe geht verloren, die Oberflächlichkeit lebt. Man ist nur noch im Außen, das Innen verklebt. Natur ist das gekippte Fenster, Bewegung das gekonnte Fingerspiel über der Tastatur und eine gute Konversation ein virtueller Dialog.

Die analoge Welt ist ausgestorben.

Mein Albtraum ist wahr geworden und keiner hat es wahrgenommen, weil jeder hinterm Display steckt und niemand mal den Kopf ausstreckt. Dabei kann das Internet nicht träumen, nicht riechen, nicht fühlen, nicht lachen und keine schönen Dinge machen. Es betäubt die Sinne und klaut uns das Leben.

Wenn die ganze Welt so funktioniert,
kann man sich nicht mehr rausnehmen,
nur noch ausgrenzen
und Grenzen schaffen,
die Raum für sich selber lassen,
auch wenn einen dann die anderen hassen.
Mal wieder mit sich sein, so ganz allein.
Mal wieder analog sein, nicht immer nur online.
Was früher ganz normal war,
ist heute eine Seltenheit.
Heute hat selten jemand Zeit,
weil jeder alles machen will,
weil jeder alles machen kann,
weil jeder überall sein will
und das am liebsten gleichzeitig.
Hier und da, im All und überm All,
und überall da, wo noch niemand war.
Und jeder will doch schon gleich wieder zurück sein,
um nicht zurückzubleiben,
und hinterherzueilen.

Denn wer den Anschluss verliert, verliert den Anschluss. Dabei sind wir längst kabellos vernetzt und dennoch in etwas verstrickt, das uns zusammenhalten soll, aber uns die Luft zum Atmen nimmt und manchmal erstickt.

11. Juni 2010

Zukunftsängste

Salta ist wie das, was ich kenne, nur auf der anderen Seite der Erde. Die Welt wird kleiner und gleichförmiger. Was früher weit weg war und als unerreichbar galt, ist heute nur noch einen Schritt entfernt. Man denkt nicht mehr im Maßstab der Länder, sondern im Maßstab der Welt. Stimmen und Nachrichten von ihrem anderen Ende erreichen uns blitzschnell. Flugtickets in ferne Länder sind billiger als eine Autofahrt in nahegelegene Städte. Telefonieren kann man kostenlos über Skype, in Konferenz. Was für ein Komfort und doch manchmal viel zu einfach. Die Menschen reisen über den Globus, um eine günstigere medizinische Behandlung zu erhalten – es scheint, als sei der Mensch wirklich krank!

Unsere Welt ist grenzenlos, aber die Distanz ist ausgelöscht.

Wie wird bei einer so fortschrittlichen Gegenwart mit einer so rasanten Entwicklung wohl die Zukunft aussehen?

Wird es noch verschiedene Völker, Traditionen und Religionen geben? Wie viele Sprachen, wie viele Währungen werden existieren? Wie viele Hautfarben, wie viele Grenzen? Wird die Welt zu einer Stadt schrumpfen, in der man mit dem Flugzeug nur noch die Straßenseite wechselt? Wie tief wird die Schlucht zwischen Arm und Reich sein? Wird die Schreibschrift überleben? Bleiben Bücher oder lehrende Einrichtungen bestehen oder kann man sich das erwünschte Wissen einfach in den eigenen Kopf transplantieren und dort speichern wie auf der Festplatte eines Computers? Wird man sich noch von Gesicht zu Gesicht oder überwiegend von Display zu Display unterhalten? Wird es noch erntende Bauern geben oder nur noch maschinell gefertigte Kapseln, die mit hochkonzentrierten chemischen Nährstoffen sättigen? Wie viele Chips unter der Haut werden welche Daten speichern? Wie heißt die Steigerung von Internet? Und dessen Steigerung? Was kann flacher sein als ein Flachbildschirm und noch flacher unterhalten? Auf welche Art wird man den unersättlichen Erlebnishunger der Menschen stillen? Wird man den Regenwald nachpflanzen und Kohlenstoffdioxid aus der Atmosphäre absaugen können? Wäre ich noch einzigartig oder könnte ich nach einem Unfall ein zweites Mal aus dem Vorratskeller geholt werden? Gäbe es noch Krankheiten? Wäre man ein Außenseiter, wenn man noch keinen anderen Planeten besucht hätte?

Würde der Sieger einer Weltmeisterschaft von vorneherein feststehen, da es keine gegnerische Nation gäbe? Oder würde Erde gegen Mars spielen, da das Orbit für die Menschen längst begehbar ist?

Shakira singt *Waka Waka* und holt mich damit zurück in die Gegenwart: In Südafrika beginnt die Fußballweltmeisterschaft.

Ich setze mich zu den anderen Gästen und schaue mit den beiden Französinnen, mehreren Engländern, einer Südafrikanerin und den argentinischen Angestellten des Hostels die Eröffnungsfeier. Jedes Herz schlägt für das eigene Land und deshalb schlagen alle im gleichen Takt. *Wie rückschrittlich die Gegenwart nach den futuristischen Gedanken erscheint.*

Der Moment nimmt mich in den Arm: Der Bildschirm zeigt die unterschiedlichen Völker bei verschiedenen Tätigkeiten. Dazu afrikanische Tänze, dann die Stimme R. Kellys.

Meine Haut feiert mit – es ist eine Eröffnungsfeier der Gänsehaut.
Wenngleich mir die Ereignisse der Gegenwart oft so hoffnungslos erscheinen, ist sie es, die mich in diesem Moment auffängt, denn die Zukunft könnte viel schlimmer sein!
Südafrika gegen Mexiko.
Anstoß.
Diese Harmonie unter den Völkern
– hoffentlich ein Anstoß!

12. Juni 2010

Kalender im Dezember

Die Tage sind gezählt.

Ich bin wie ein Kalender im Dezember.

Zielstrebig bewegt sich mein lang gehegter und intensiv gelebter Traum auf sein Ende zu. Er legt einen Endspurt ein, überrundet mich und wirbelt mich durch die Luft. Ich verzähle mich, weiß nicht mehr, wo ich stehe. Nur mein Rückflugticket bewahrt den Bezug zur Zeit und flüstert mir an jedem Morgen kleinere Zahlen ins Ohr. Rückwärtszählen ist sein Hobby – seit 182 Tagen tut es nichts anderes.

Achtzehn, flüstert es heute.

Der *Kalender im Dezember* bringt nicht mehr die Kraft auf, Preise zu vergleichen, Buszeiten zu erfragen und sich nach spannenden Orten zu erkundigen. Er sehnt sich nach Ruhe, um noch einmal über Vergangenes nachzusinnen.

Nach sechs Monaten bin ich zum Handeln unfähig geworden und lasse Südamerika Südamerika sein: Meine Kamera verbleibt im Zimmer, die Motivation zum Reisen hat sich versteckt. Ich entledige mich des Drucks, noch mehr sehen zu wollen und lege die Last ab, die verbleibende Zeit akribisch mit noch Ungesehenem zu füllen. Jetzt *bin* ich einfach.

Die letzten Tage meiner Reise sind wie der letzte Ton eines Liedes, wie der Abspann eines Films oder wie der Feierabend nach einem anstrengenden Arbeitstag. Die Leistung ist vollbracht. Alles, was nun kommt, ist nur noch Zugabe. Ich muss nicht mehr dirigieren, ich darf mich entspannt zurücklehnen und Zuschauerin sein.

12. Juni 2010

»Zwei Seelen wohnen, ach! in meiner Brust.«

Johann Wolfgang von Goethe in Faust

Hinter mir liegt eine Reise für die Sinne, eine Reise durch die Sinne. Sechs Monate für Augen, Ohren und Geschmack. 182 Tage für den Geist, 4368 Stunden für das Herz. Ich habe alles aufgesaugt wie ein trockener Schwamm, den man zum ersten Mal ins Wasser taucht, wie ein Kind, das zum ersten Mal die Welt entdeckt. Ohne vorbetonierte Meinungen als Reiserouten und ohne den Anspruch, die größten, höchsten, ältesten, schnellsten, längsten, kürzesten Highlights Südamerikas sehen zu wollen, ließ ich mich auf das ein, was mir begegnen wollte. Ich wollte keine Rekorde sehen und keine Rekorde brechen. Die Superlative war bereits die Reise an sich.

Von der *Regenzeit der Eindrücke* laufe ich längst über wie ein volles Fass und bin doch ein Fass ohne Boden – ich bin hin und her gerissen zwischen dem Wunsch, die Abreise möge ferner liegen und der Einsicht, dass jeder weitere Reisetag meine Sinne erschöpfen würde. Wenn man nicht aus Rastlosigkeit fortgeht oder vor etwas davonläuft, taucht neben der Stimme der Abenteuerlustigen immer auch die der Heimatverbundenen auf. Während sich diese zurück zum Ursprung sehnt, will das Fernweh immer tiefer in die Fremde vorstoßen, auch wenn meins nichts mehr davon hat – denn der Körper, der es umhüllt, taumelt im Halbschlaf durch die Welt.

Analphabetin für die Welt. Salta ist mit Sicherheit schön und verdient ganz andere Worte als jene, mit denen ich die Stadt beschreibe. Aber ich bin von historischen Gebäuden, ereignisreicher Geschichte und atemberaubender Natur gesättigt. Ich kann die Gesichtszüge der Menschen nicht länger beschreiben und will nicht mehr wissen, welche Kirche in welchem Jahr von wem und wem zu Ehren errichtet wurde. Ich will weder Details über das Zustandekommen ihres Baustils erfahren, noch wissen, wie viele Erdbeben sie erlebte und welche Besonderheiten das Kirchenschiff in seinem Inneren birgt.

Ich kann keine Informationen mehr aufnehmen.
Ich kann die Details nicht mehr wahrnehmen
und die Stimmung nicht mehr erspüren.
Ich kann mich der Welt nicht länger aussetzen
und mich nicht mehr mit ihr auseinandersetzen.
Ich kann keine Zahlen mehr verarbeiten
und keine Daten mehr einordnen, denn:
Ich habe das Filtern der Eindrücke verlernt!

Sechs Monate nahm ich alles auf, was ich entdeckte und was mir begegnet war. Ich erlebte die Zeit mit einem unsichtbaren Bilderrahmen in der Hand, durch den ich unablässig hindurch schaute. Ich hielt ihn vor alles, was meine Augen erblickten, hatte im Alltäglichen das Besondere gesucht und das unbefangene Sein der anderen als vollkommenes Bild erkannt. Den Augenblick stets eingerahmt, weil die nicht inszenierte Wirklichkeit mich fasziniert. Das Gewöhnliche wie zum ersten Mal betrachtet – das Außergewöhnliche auch. Die Schönheit des Lebens täglich entdeckt und damit den Genuss erweckt.

Zum Glück braucht es manchmal nicht viel mehr – *zum Glück!*

Die Welt ist ein Buch, aber was über Salta geschrieben steht, kann ich nicht mehr entziffern. Ich möchte es gar nicht versuchen. Ich bin müde. Und kann nicht einmal das zwischen den Zeilen Geschriebene erfassen. In diesen Tagen blättere ich blind in dem Buch der Welt, bis ich auf der letzten Seite meiner Reise angekommen bin und dieses Kapitel schließen kann.

Im Laufe der Zeit und in der Fülle der Eindrücke bin ich zur *Analphabetin für die Welt* geworden. Ich kann sie nicht mehr lesen. Ich kann sie nicht mehr entziffern und deshalb auch nicht länger über sie schreiben. Meine Sinne sind erschöpft. Vollgestopft und nicht mehr aufnahmefähig. Aber das versteht das Fernweh nicht. Entgegen des Verstandes, der um die Kraft und Notwendigkeit der Ruhe weiß, lechzt es mit letzter Kraft für die Vielfalt der Welt.

Fernweh ist: Heißhunger auf die Welt haben. Mein Fernweh scheint unersättlich. Es hat immer noch Biss.

Ich bin nach Südamerika geflogen, um meine Sehnsucht nach der Ferne zu stillen und ihr Nahrung zu schenken. 182 Tage habe ich das Fernweh gemästet. Ich habe unaufhörlich hingesehen, hingehört, mich eingefühlt. Habe unermüdlich die Umarmung der Gegenwart erwidert, gleich wie dreckig und ungewiss *sie* war, gleich wie müde und erschöpft *ich* war. Ich habe ihm einen Leckerbissen nach dem anderen serviert, gewissermaßen in den kostbarsten Küchen gegessen. Nichts war mir zu teuer, ich selbst mir für nichts zu schade. Stundenlang habe ich am gleichen Tisch verharrt, jede Rechnung bezahlt, bis es sich endlich satt gegessen und mir schließlich zugestanden hat, dass ich nach Hause gehen darf.

Doch am Ende meines Aufenthaltes muss ich feststellen, dass jener *Sehn-sucht* eine Stimme in mir gehört, die nicht verstummt. Sie scheint eine Sucht ohne die Aussicht auf Heilung – eine einsichtslose Patientin, die sich immer wieder selbst einweist.

Das Fernweh in mir hat Heißhunger auf die Welt.

Es verlangt nach Weiterreisen, nach weiteren Reisen, die mich weiterhin mitreißen. Nach fernen Orten und fremden Kulturen. Nach farbigen Erlebnissen, für deren Inhalt der Tag zu wenige Stunden und mein Kopf zu geringe Kapazitäten hat. Es möchte fremden Klängen lauschen, unbekannte Wege gehen, faszinierende Landschaften bestaunen – die Vielfalt der Welt aufsaugen, bevor die Globalisierung es tut. Es möchte, dass ich mich in der Welt verliere und schließlich in ihr wiederfinde; sich einen fremdartigen Alltag vertraut machen und sich von einem anderen Denken inspirieren lassen; fotografieren – mit dem Auge in der Hand und den Worten in den Augen – und die Erinnerungen wie einen Schatz bewahren.

Das Leben ist überall spannend und die Details, die das Herz erfreuen, gibt es an jedem Ort, wenn man die Augen für jene Finesse sensibilisiert. Doch das Fernweh reizt immer die Ferne. Die Andersartigkeit und der ungewisse Morgen einer fremden Welt voller Überraschungen.

Wäre die Erde eine Platte, würde ich sie immer wieder auflegen und unentwegt bis an ihren Rand gehen!

Die Paradoxie des Reisens. Reisen ist die gehaltvollste Leidenschaft, weil sie unerschöpflich ist. Und zugleich könnte sie unergiebiger nicht sein, weil ich nie genug bekommen kann.

Ich komme in jedem Augenblick an – aber ich komme nie an.

Ich befinde mich überall am Ziel – aber ich erreiche mein Ziel nie.

22. Juni 2010

Die Sprache ist die Seele eines Landes

Mit dem Verlassen von Salta, ließ ich zugleich das Abenteuer Südamerika hinter mir. Die vergangenen fünf Tage habe ich im Vertrauten geblättert und meine Schwester besucht, die für ein Jahr in Asunción lebt. Nun sitze ich im Bus nach São Paulo, um von dort weitere drei Stunden nach Leme zu fahren, wo ich vor vier Jahren gelebt und gearbeitet habe und wo meine Leidenschaft für diesen Kontinent entsprang.

Sechs Stunden nach der Abreise von Asunción erreichen wir die am Dreiländereck von Paraguay, Brasilien und Argentinien gelegene Grenzstadt Ciudad del Este. An der siebten Grenze meiner Reise darf ein Teil von mir endlich nach Hause kommen: Ich bin zurück in Brasilien! Endlich wieder von Herzen herzliche Menschen. Endlich wieder eine Fröhlichkeit, die mir die Leichtigkeit des Lebens erklärt, auch wenn es nicht immer leicht ist. Endlich wieder Portugiesisch reden.

Mir geht das Herz auf!

Die Klänge der Sprache, die überall wie Seifenblasen in der Luft schweben, umarmen mich und zaubern mir ein Lächeln ins Gesicht. Ich versinke in ihrer Melodie, deren Wärme und Lebensfreude mich ebenso herzlich empfangen wie vier Jahre zuvor. Jede Sprache schenkt einen untrüglichen Einblick in die Seele eines Landes. In diesem Moment öffnet sie mir zudem das große Tor in den Raum meiner Erinnerung. Nach vier Jahren bin ich endlich zurück. Brasilien fühlt sich wie Heimat an!

Nach dem Passieren der Grenze rasen wir weiter auf ebener Straße durch palmenreiches Land und unter einem wolkenlosen Himmel der Nacht und meiner Vergangenheit entgegen.

23. Juni 2010

Bom dia São Paulo. Als ich aufwache, sind wir mitten in São Paulo. Gewaltige Automassen fließen auf gewaltigen Fahrspuren durch die Metropole, die auch am frühen Morgen so hellwach ist, als hätten ihre Bewohner nie geschlafen – zumindest ein Teil von ihnen. Aber ein Teil von 20,5 Millionen sind immer noch mehr Menschen, als ich zu dieser Uhrzeit gewohnt bin. Überall entfalten sich Brücken und kurvige Straßen, die durchweg stadteinwärts zu führen scheinen. Alles ist in Bewegung, nur das tote Gewässer des Rio Tietê steht still und abgestanden zwischen den Fahrspuren und lässt den täglichen Wahnsinn über sich ergehen.

Nach zwanzig Stunden Fahrt erreichen wir das Bus-Terminal, das vergessene Erinnerungen lebendig macht und mir beweist, dass die Welt meiner Erinnerung wirklich existiert.

Mit den vertrauten Reais-Scheinen kaufe ich ein Ticket nach Leme, schaffe den Wechsel von Spanisch zu Portugiesisch nicht, putze meine Zähne, kaufe noch einen *Coffee to go* und laufe zu Gate fünfundzwanzig, an dem der Fahrer gerade das Gepäckfach meines Anschlussbusses schließt. Pünktlich um 7.10 Uhr verlässt der Bus das Terminal. Keine zwanzig Minuten später geht mein Sitzfleisch-training in die nächste Runde und während mein träger Körper immer lauter nach Bewegung schreit, wird die Bewegungslosigkeit stets bequemer.

Raus aus dem Terminal, wieder rein in die Achterbahn von São Paulo, in der der Verkehr wie kurz vor einem Herzinfarkt pulsiert und vor dem Zusammenbruch steht. In den letzten dreißig Minuten hat er sich verdoppelt und die Fahrtgeschwindigkeit halbiert. Die auf den Grasflächen zwischen den Straßen Lebenden haben ihre spärlichen Behausungen aus Restmüll und ihre Matratzen unter freiem Himmel verlassen. Vorbei an pompösen Villenvierteln und elenden Favelas, deren Stockwerke sich bunt und schuhkartonartig übereinanderstapeln, führt der Weg schließlich aus der Achterbahn heraus, von der ich glaubte, sie habe keinen Ausweg.

Dann erreichen wir die Straße, auf der vor viereinhalb Jahren alles begann: Dreispurige Fahrbahnen, durch einen breiten, damals wie heute frisch gemähten Mittelstreifen getrennt, führen nach Norden aus der Stadt hinaus. Als ich am 15. Oktober 2005 Brasilien erreichte, war das Bild dieser Straße ein Sinnbild für ganz Südamerika für mich – mehr kannte ich nicht! Heute wäre diese Straße nur ein belangloses von zehntausenden Puzzleteilen, das ich vermutlich nicht einmal wahrgenommen hätte – wäre ich zum ersten Mal hier. Aber das bin ich nicht. Alles, was nun folgt, ist für mich ganz besonders, weil das Damals so unglaublich besonders war:

Am Ende steht der Anfang: Leme

Während in Deutschland Hochsommer herrscht, ist in Südamerika der Winter angekommen. Während ich einen Teil dieses Kontinents von Nord nach Süd und von West nach Ost bereist habe, hat die Erde einen Halbkreis um die Sonne zurücklegt.

Ein halbes Jahr ist vergangen – viereinhalb Jahre sind vergangen.

Am Ende meiner Reise steht der Anfang: Ich kehre dorthin zurück, wo alles begann – nach Leme und in den Winter.

Rückblick. Alles wie immer. Gerüche und Gebäude versetzen in eine andere Zeit: Es ist der 15. Oktober 2005. Ich bin soeben in São Paulo gelandet, viereinhalb Jahre jünger, verliebt und habe vor wenigen Monaten meine Schulzeit beendet. Schwester Ludwigis, eine fast achtzigjährige Frau und Lena, eine deutsche Freiwillige, holen mich vom Flughafen ab. Schwester Ludwigis ist eine von vierzig Nonnen des Ordens der *Schwestern der heiligen Maria Magdalena Postel*, die in Brasilien an neun Standorten Bedürftigen helfen. Für ein halbes Jahr werde ich diesen Dienst als Volontärin in Leme unterstützen.

Das Kloster in Leme

Viele Menschen erreichen Leme, drei Autostunden nordwestlich von São Paulo gelegen, aufgrund der Dürre im Norden des Landes. Hier finden sie Arbeit auf den Apfelsinen-, Baumwoll- oder Zuckerrohrplantagen, doch wie überall, sind die modernen Maschinen auch hier die größte Konkurrenz. Die Armut ist groß, aber die Arbeit der Schwestern großartig!

Ich lasse alles Vertraute zurück und mich von einer fremden Welt betören, umarmen, aber auch einschüchtern. Es ist mein Traum, doch kostet mich sein Erleben Überwindung, ist mit Sehnsucht und Verzicht verbunden und stellt eine gewaltige Herausforderung dar. Bis zu meiner Rückreise im April führe ich eine Strichliste. Die 180 Tage auf dem fremden Kontinent, so fern von der Heimat, liegen vor mir wie ein Berg, den es zu bewältigen gilt. Denn trotz der Vorfreude, konfrontiert mich eine zaghafte innere Stimme immer wieder mit der Frage, ob ich mich nicht selbst über- und diese Zeitspanne unterschätzt habe. Je jünger man ist, umso länger erscheint die Zeit. Ein halbes Jahr war für mich eine halbe Ewigkeit. Immer abhängig davon, ob die Abenteuerlustige oder die Familienverbundene und Verliebte in mir vorherrschte, war das manchmal gut, aber manchmal auch eine halbe Ewigkeit zu lang.

Skype kenne ich nicht, ein Smartphone gibt es nicht und das Internet ist manchmal so langsam, dass ich glaube, selbst ein Brief müsse schneller sein. Der Kontakt nach Hause beschränkt sich deshalb auf einen Anruf in der Woche von einem Schnurtelefon.

Dennoch möchte ich, von Neugier und Abenteuerlust erfüllt, *die* Welt kennenlernen, die sich weit hinter dem deutschen Horizont versteckt. Mich interessiert schon lange, wie die Menschen, die nur wenig haben, überhaupt überleben können, wenn wir schon so viel jammern, obwohl wir so viel haben!? Glück hängt nicht vom Wohlstand ab, da bin ich mir sicher. *Aber macht das Leben überhaupt Spaß oder Sinn, wenn man immer am Limit leben muss?*

Jetzt, wo ich mit dem Schulabschluss meine ersten gesellschaftlichen Pflichten abgeschlossen habe, fühle ich mich frei, endlich dem nachzugehen, was mich wirklich interessiert: Wie wahres Leben funktioniert und wie glückliches Leben gelingt. Ich möchte mit *den* Menschen Zeit verbringen, die materiell nur wenig besitzen. Ich möchte erfahren, woraus sie Kraft schöpfen und was ihnen Glück und Zuversicht schenkt. Ich möchte von ihnen lernen und ihnen etwas von mir geben. Mit ihnen lachen, wenn es Grund zur Freude gibt und mit ihnen weinen, wenn Geschichten plötzlich Gesichter bekommen und nicht mehr namenlos sind. Ich möchte unsere verschiedenartigen Welten verbinden und empfinden, was Medien nicht vermitteln können.

Mit diesen Gefühlen und Gedanken verlasse ich das heimische Deutschland, ohne genau zu wissen, was mich auf der anderen Seite des Ozeans erwartet. Bis zu dem Tag, an dem ich ankomme, in der Welt, fern meiner Welt, die meinen Horizont mit jedem Tag erweitert – manchmal nur um Zentimeter, an anderen Tagen um Meter nach hinten rückt – und meine Faszination für den südamerikanischen Kontinent unentwegt steigert. Bis ich mich schließlich zuhause fühle, in der Welt, fern meiner Welt. Und sich meine ursprüngliche Motivation, eine Strichliste zu führen, um die Tage bis zu meinem Abflug herunterzuzählen, ins Gegenteil verkehrt und ich schon bald entgeistert zähle, wie viele Tage mir noch verbleiben, in der Welt fern, meiner Welt.

Gerüche und Gebäude versetzen in eine andere Zeit. Und stimmen mich nachdenklich. *Was ist passiert in den zurückliegenden Jahren? Was haben sie mit mir, aus mir, ich aus mir, ich mit ihnen und in ihnen gemacht?* Gerüche und Gebäude versetzen in eine andere Zeit. Doch ich durchlaufe sie in der Gegenwart, berühre sie in der Wirklichkeit, atme sie in diesem Augenblick ein.

Die Vergangenheit ist Gegenwart: Ich bin viereinhalb Jahre älter, nach Südamerika zurückgekehrt, habe die Strichliste gestrichen, von Beginn an nicht geführt, da ich ohne Angst, nur voller Vorfreude dieser Zeit entgegenblickte. Gerüche und Gebäude versetzen in eine andere Zeit. Alles wie immer, nur ich bin anders – viereinhalb Jahre anders. Mit Momenten, Erfahrungen, Begegnungen und Emotionen der letzten Jahre beklebt. Mit dem Durchwandern der verschiedenen Orte und Landschaften, wechselten auch die Gesichter an meiner Seite und die Emotionen in meinem Herzen.

Der Weg bietet eine endlose Fülle an Möglichkeiten: Jeder Schritt birgt die Gelegenheit zum Abbiegen, Verweilen oder Fortrennen. Im Überfluss unserer Zeit waren mein Geist, mein Körper und meine

Seele oft ein überforderter Geist, ein rastloser Körper und eine suchende Seele. Es gab kaum Routine, immer Veränderung – die Veränderung war die Routine. Meine Generation wird zur Flexibilität erzogen. Im Kloster ist das anders. Anderswo ist das Prinzip der Wandel, hier ist das Prinzip die Stetigkeit. Hier kann sich die göttliche Ewigkeit niederlassen, weil es ein bewegungsloser Ort ist, der doch so viel im Inneren bewegt. Gerüche und Gebäude versetzen in eine andere Zeit – nur hier scheint alles unverändert!

Ruhige treffen auf unruhige Stimmen. Mit dem Wechsel der Umgebung, geht ein Wechsel der Farben, Ansichten und Rhythmen einher. Wie Chamäleons, tragen wir das, was die Umgebung verlangt, was die Herausforderungen herausfordern und der Lebensrhythmus für unser Alter vorsieht. Während es mir oft schwerfällt, aus der Farbpalette nur eine Farbe zu wählen, tragen die Schwestern des Klosters noch heute dieselbe Farbe, vertreten die gleichen Ansichten und leben im gleichen Rhythmus. Tag für Tag, Woche für Woche, Monat für Monat. Und seit heute weiß ich: Auch Jahr für Jahr.

Zur gleichen Stunde singen sie dieselben Lieder. Drei Mal am Tag. Stimmen, die mit den Jahren zwar zerbrechlicher, aber noch unbeirrbarer klingen, erfüllen die Kapelle mit mir bekannten Melodien. Diese stille Kraft von Klarheit und ihre tägliche Wiederholung, könnte mir radikaler nicht aufzeigen, wie zerbrechlich meine innere Ruhe zu dieser Stunde ist. Und zugleich vermögen es allein diese Stimmen, die gegenwärtig so rastlosen und lauten des eigenen Herzens zu beruhigen. Jene Friedfertigkeit, die so unantastbar in den Räumen des Klosters lebt, überträgt sich kinderleicht auf meine unruhige Seele. Sie stülpt sich mir über, wie ein Gewand, das ich einfach nur wieder anziehen muss. Das könnte ich überall, aber hier gelingt es besonders leicht.

Die ereignisreiche zurückliegende Zeit und der bevorstehende Weltenwechsel tragen schon seit Wochen ihre Diskussionen in meinen Gedanken und ihre Kämpfe in meinem Inneren aus. *Die Welt entdecken* und *in der Heimat sein wollen* – manchmal glaube ich, dass diese in mir lebenden Kontraste nie zu Freunden werden können, sondern weiterhin als Fremde, die den anderen nicht verstehen, aufeinander prallen müssen. Wenn zwei so fremde Welten auf engstem Raum

leben, entsteht Zerrissenheit.
Und so ist es, als sängen die Schwestern in dieser Woche allein für mich. Als würden sie die Wunden der gegensätzlichen Bilder und Wünsche mit der Milde ihrer Stimmen wieder heil machen, damit ich erfüllt und nicht verwundet in die Heimat zurückkehren darf. Sie besänftigen die inneren Gefechte, trösten die unruhigen Gedanken und fangen die aufgewirbelten Emotionen wieder ein. Und während ich auf den harten Holzbänken der schlichten Kapelle inmitten der Klänge innerlich zerstreut verweile, weiß ich: In diesen Stunden kann es keinen besseren Ort auf der großen Erde für meine kleine Seele geben!

Sieben Tage lang streichelt der friedliche Gesang mich sanft wie eine Mutter ihr unwissendes Kind und erklärt, dass das Leben nicht immer nur ein Abenteuer sein und sich nicht pausenlos von Unbekanntem nähren kann, sondern auch der Routine und Beständigkeit bedarf. Einfühlsam lässt er mich wissen, dass ich nicht unablässig nach immer neuen Puzzleteilen suchen kann, sondern das Gefundene auch sortieren und zusammensetzen muss, um das Motiv erkennen und bewundern zu können, denn sonst ist auch das Sammeln zwecklos.

Alles wie immer, nur besser als die Erinnerung. Alles wie immer. Der gleiche Geruch liegt in der Luft, als wurde soeben das Gericht vom 11. April 2006 gekocht, bei dem wir kurz vor meiner Abreise gemeinsam um den Tisch saßen. Im Gemüsegarten wächst, was im März 2006 noch nicht geerntet wurde, die Kerzen brennen in der Größe, wie vor vier Jahren mein letzter Blick auf sie fiel und auch die Wäsche hängt noch an der Leine – nur die Kalender haben den Bezug zur Zeit bewahrt: Sie zeigen den Juni 2010.

Das Kloster schenkt mir die Beständigkeit, die dem Reisen erliegt. Ich kenne den Alltag, die Gesänge, die Routine und lebe mit, als wäre ich nie fort gewesen. Dabei war ich unsicher, ob ich überhaupt nach Leme zurückkehren sollte. Ich hatte Angst, dass ich mir den Ort, seine Menschen und all die Erfahrungen mit den Jahren immer schöner träumte. Dass sie lediglich von meiner Erinnerung kreierte Gedankenperfektionen waren, die ich mit jedem gedanklichen Durchleben abänderte, bis sie schließlich vollkommen waren. Ich hatte Angst, dass diese Erinnerung durch meine Wiederkehr einstürzen würde. Doch die Realität ist besser als die Erinnerung! Vielmehr als perfektioniert, habe ich sie mit der Zeit verblassen lassen. An Menschen zu selten gedacht, Situationen in Vergessenheit geraten, Orte anonym und namenlos werden lassen.

Spuren. Mit demselben, viel zu kleinen roten Fahrrad, fahre ich durch vergessene Straßen, aber ich kenne und finde den Weg. Die Straßen liegen, in einem Schleier der Erinnerung gehüllt, in schwarzweiß vor mir und werden erst farbig, wenn ich sie mit meinen Augen streife.

Ich besuche das *projeto* im Stadtviertel Imperial, wo ich zusammen mit Lena und Eva, den beiden anderen Freiwilligen, ein Projekt für Kinder geleitet habe. Die gemeinsam gestalteten Gemälde an den Wänden sowie die von mir aufgenommenen Fotos gibt es noch immer. In mir lebt ein Teil von Leme, und in Leme lebt ein Teil von mir. Die Spuren sind nicht verwischt, sondern nur verblasst, aber nicht vergessen. Ich bedaure es sehr, dass ich der räumlichen Distanz gewährte, so viel Nähe zu nehmen und der Zeit einräumte, meiner Erinnerung die Intensität zu stehlen.

Die Pinsel der Gegenwart malen nun sieben Tage lang meine Erinnerung wieder bunt an. *Sieben Tage, viel zu kurz.* Vergeblich versuche ich, ein halbes Jahr in nur einer Woche aufzuholen und dem Tag mehr Stunden zu verleihen. Ich renne der Traurigkeit des Abschieds davon, von einem Teil meines Herzen zum anderen, von einer lieben Person zur nächsten. So lange, bis sie mich einholt. Bis die zahlenflüsternde Stimme meines Tickets schweigt und ich weiß: Heute ist der Tag, an dem *Rückflug* in meinem Kalender steht.

28. Juni 2010

Ein Dienstag am Montag

Ich besuche Alex. Jeden Dienstag fuhr ich mit dem Fahrrad zu ihm. Jeden Dienstag lag er im Bett. Sechs Monate lang und auch heute. Obwohl Montag ist.

Damals sagte er, dass die Wochentage für ihn bedeutungslos seien. Ein Tag sei wie jeder andere, nur der Dienstag sei seit meinen Besuchen stets ein besonderer Tag für ihn gewesen. Dass ich an einem Tag der Woche Zeit an seinem Bett verbrachte, verlieh seinem Leben einen Rhythmus. Heute bringe ich den Rhythmus aus dem Takt, besuche ihn an einem Montag, in der Hoffnung, er könne so werden, wie es einst die Dienstage waren.

Als ich den steilen Berg unter der noch immer warmen Sonne hochstrample und das kleine, noch immer unverputzte Haus am Ende der Straße erkenne, fühle ich mich wie an jenen Dienstagen. Alles ist wie immer, der einzige Unterschied: Heute weiß Alex nichts von meinem Besuch. Heute würde er niemals ahnen, dass uns in diesem Augenblick nur wenige Meter voneinander trennen. Denn zwischen meinem letzten und dem heutigen Besuch liegen nicht sieben Tage, sondern vier Jahre und drei Monate.

Ich lehne mein Fahrrad an die Stelle der unverputzten Hauswand, an der ich es immer abstellte, gehe mit einem aufgeregten Herz langsam die Rollstuhlrampe hoch, schaue wortlos um die Ecke und blicke in sein unverändertes Gesicht, das sich in diesem Augenblick zur Türe dreht und mich ansieht. Nie zuvor habe ich ein überraschteres Antlitz gesehen, in dem sich die Emotionen derart überschlagen und der Körper doch nur still im Bett verharren kann. Freude, Zweifel, Glück und gleichzeitig werden Tränen mit den Fäusten aus den Augen gewischt.

Ich könnte mitweinen.

Mir ist gerade alles zu viel!

In wenigen Sekunden holt die Gegenwart die vier vergangenen Jahre ein. Die Gegenwart freut sich, die Gegenwart weint. Sie schmerzt und drückt mit aller Kraft und ihrer großen Fülle an derzeitigen Emotionen zu. Meine Zeit läuft ab und schließlich laufen mir auch Tränen über die Wangen, noch ehe ich den Raum betreten habe.

Alex ist vor sieben Jahren kopfüber in einen zu flachen See gesprungen. Erwar21.

Nach einer festen Umarmung sagt er, dass mein Besuch das Schönste sei, was ihm in diesem Jahr widerfahren ist und spricht damit aus, was ich nicht hören wollte und doch auch unausgesprochen wusste.

Mit ihm kann man über Gott und die Welt philosophieren, reflektieren, die Kontinente vergleichen und dadurch seine Menschen verstehen, das eigene Portugiesisch verbessern und einfach nur zusammen lachen. Damals wie heute. Nur damals unbefangener.

Seine Augen strahlen, seinen Augen weinen. Und während unseres Gesprächs, während unseres Lachens, das sich in den Jahren nicht fremd geworden ist, kann auch ich nicht länger zurückhalten, was sich seit Tagen in mir aufstaut: Ich weine nicht nur ein paar Tränen – ich weine bitterlich. Ich kann nicht anders. Keine Worte in mir, keine Gedanken in mir, obwohl es immer die Gespräche waren, die unsere gemeinsamen Stunden so kurzweilig sein ließen. Heute gelingt es nur meinen Tränen, diesem gegenwärtig so gewaltigen Gefühlsgewirr Ausdruck zu verleihen.

Da sitze ich nach sechseinhalb Monaten auf dem südamerikanischen Kontinent, nach glücklichen und abwechslungsreichen vier Jahren, in diesem einfachen Zimmer dieses einfachen Hauses, am Ende der schlichten Straße kleiner Häuser, am Rande einer armen Stadt gelegen und blicke einem Menschen ins Gesicht, dessen Augen nach einer Freiheit verlangen, die der eigene Körper verwehrt. Während mir so viele Türen offenstehen, kennt er nur die eine, durch die er nicht einmal hindurchschreiten kann.

Ich verstehe das Leben nicht.

Weder mein eigenes, in dem sich in diesen Stunden mein Traum verabschiedet noch seines, dessen Leben nicht mehr hoffnungsvoll träumen darf. Ich schäme mich. Und weine wortlos, weil ich diese Gedanken nicht laut aussprechen möchte. Weine, obwohl mir das Leben Grund zur Freude gibt. Und der, der weinen dürfte, tröstet mich mit Worten.

Verwirrung und Melancholie, Dankbarkeit und Glück beziehen den kleinen Raum meines Herzens. Es ist eine merkwürdige Wohngemeinschaft, die eskaliert. Ein Gemisch, das explodieren *muss*. Erst recht, wenn das Gefühlschaos zu vergleichen, zu denken beginnt.

Ich berichte ihm von den zurückliegenden Jahren in Deutschland und von meiner Reise durch einen Teil Südamerikas. Er hört aufmerksam zu und stellt viele Fragen, während ich mich fast nicht zu fragen traue, wie seine Jahre waren.

Er lag im Bett, er liegt im Bett.
Seit dem Tag, an dem ich ging,
bis zum heutigen Tag, an dem ich wiederkehrte.
Sein Leben findet innerhalb dieser Wände statt.
Sein Blick wird vom Leben nicht belebt.
Gedanken kreisen im wachen Kopf.
Die weiße Wanduhr tickt im immer gleichen Takt.

Er liegt, als hätte er sich vier Jahre lang nicht bewegt, ruht unverrückt, wie das Mobiliar seines Zimmers. Sogar das Foto, welches ich ihm zum Abschied schenkte, hängt noch immer dort an der Wand, wo ich es vor vier Jahren für ihn aufhängte. Es ist ein wenig verblasst und verbildlicht die Erinnerung, die in meinem Herzen wohnt: Ein wenig verblasst, doch unverrückt.

Alex erzählt, dass regelmäßig Freunde vorbeikommen und ihn im Rollstuhl mit auf die Straße nehmen. Dass er angefangen hat, Deutsch und Englisch zu lernen und dass er immer noch gerne Radio hört und fern sieht. Er wirkt zufrieden, als habe er sein Schicksal akzeptiert – das bewundere ich!

Er sagt, dass er oft an mich gedacht hat und ich denke, dass ich viel zu selten an ihn gedacht habe. Viel zu selten für gute Gespräche, die wir führten. Viel zu wenig, für einen Menschen, mit dem ich aufrichtig lachte und dessen Lebensfreude nicht zu seiner Geschichte passt.

Aus dem kleinen Fernseher ertönt die Stimme des Fußballmoderators: Brasilien führt mit zwei zu null gegen Chile. Vermutlich sind wir die einzigen in diesem fußballverrückten Land, die die Tore erst in der Wiederholung sehen. Die Halbzeit des Spiels ist unser Schlusspfiff.

Fremdgesteuert gehe ich die Rollstuhlrampe herab, ergreife geistesabwesend mein Fahrrad, vernehme die Stimme von Alex, der mir noch einige Worte durch das offene Fenster hinterherruft, die ich nicht mehr richtig verstehe und rolle schließlich den Berg herunter. Die Wiese und die Häuser, die meine Hinfahrt bereits bunt anmalte, erscheinen in diesem Augenblick wieder in grau. Sie sind wie ein verblasstes Foto, das seit vier Jahren an der Wand hängt.

Das war ein trauriger Besuch mit zu wenig Zeit. In meinen Gedanken ziehen Wochen und Jahre mit leeren Dienstagen vorbei. Ich übersehe die Welt und verursache beinahe einen Unfall, als mich das Hupen einiger Autos aus meinen Gedanken reißt.

Wie viel sinnvoller ich mein Leben doch leben könnte! Wie viel mehr ich alles empfinden müsste! Das Leben hat uns Sinne geschenkt, doch wir hüllen uns in Watte, damit wir uns nirgends stoßen und nirgends anstoßen. Wir gehen mit einem Blindenstock durchs Leben, obwohl wir nicht blind sind. Wir berauben uns des Besten im Leben und beklagen, wie fad es ist – *doch so war das alles nicht gedacht!*

Wir sollten uns an den Ecken des Lebens stoßen, an den Kanten aufreiben, in die Furchen stürzen, ins Dunkel laufen und von Hellem nicht blenden lassen. Uns die Zunge verbrennen, frieren, schwitzen, schreien, schweigen, lachen, weinen. Das Salz auf den Lippen schmecken, die Luft in die Lungen spülen und wandern, bis die Füße schmerzen. Unsere Sinne gebrauchen und das Leben im Heute aufführen.

Denn das Leben ist viel mehr, als das Abhaken nie endender To-Do-Listen, mehr als das schnelle Vorwärtskommen, das keine Pausen kennt und mehr als das Streben nach Profit, mit welchem wir ein Leben führen sollen, das von Konzernen gelenkt, zum Konsumieren verpflichtet.

Befindet sich das wahre Leben nicht genau im Gegenteil?

Verbirgt es sich nicht in der Einfachheit, in der Langsamkeit?

Mitten im turbulenten Alltag vergisst man das manchmal. Unsere Tage sind von Beginn an gezählt, doch manchmal habe ich den Eindruck, dass wir mit so hoher Geschwindigkeit durch die vielen rasen, die es ausmachen, dass wir erst an dem letzten bemerken, wie wertvoll ein einzelner ist.

Wir sollten endlich aufhören, niveaulos auf hohem Niveau zu jammern und endlich anfangen, das Leben zu leben und *alles* zu genießen: Jede Bewegung und jede Empfindung. Jede Möglichkeit und jede Schranke. Jedes Fallen und jedes Dagegen-Laufen. Einfach alles. So lange es geht. So lange wir können.

Denn manche können es nicht!

Zwischen den Zeilen reisen

Weil ich in Südamerika nicht fotografieren darf, was ich ablichten möchte, hat der Bleistift meine Kamera ersetzt. Und weil ich ihn täglich gespitzt habe, kann er immer schärfer stellen, näher zoomen und die Belichtung optimal einstellen. Seit einem halben Jahr schreibt er mir die Finger wund, holt die Seele aus mir heraus, bringt Gefühle aufs Papier und befreit meinen Kopf von Gedanken.

Doch nun schaut er traurig aus meiner Hand zu mir empor und an der Miene seiner Mine kann ich unschwer ausmachen, dass er fürchtet, in Zukunft nur noch selten gespitzt zu werden. Er hat Angst, dass die Bilder der Außenwelt und die Gefühle meiner Innenwelt nicht mehr dazu animieren, dass ich sie in Worte fasse.

Im Laufe der Zeit ist das Schreiben so viel mehr für mich geworden, als Menschen auf der anderen Seite des Ozeans an meinen Erlebnissen und Empfindungen teilhaben zu lassen: Das anfängliche Informieren hat sich zu einem Spiel mit Worten, zum Versteckspiel hinter Ecken und zum Spiegel meines Inneren entwickelt. Es ist ein Ventil, das mich wieder aufnahmefähig macht. Es ist mein Reisepartner, der mir zuhört und Antworten schenkt.

Das Schreiben ist zu einer Leidenschaft geworden!

Es ist wie eine Droge, nach der ich täglich verlange. So sehr verlange, dass ich manchmal nicht mehr weiß, ob ich die Welt der Welt wegen entdecken möchte oder nur, um schließlich über sie schreiben zu können. Längst versetzt mich das Geräusch von Bleistift auf Papier in den gleichen Rausch wie die mich umgebenden Bilder.

Es ist vielmehr so, dass ich die sichtbare Welt schon in Worten erkenne, denn *Die Welt ist ein Buch. Wer nie reist, sieht nur eine Seite davon.* Aber für mich ist das Spannende, was zwischen den Zeilen steht:

Was die Welt nicht auf Anhieb offenbart, was man selbst entdecken darf und sich selbst erschließen muss, um den tieferen Sinn zu verstehen. Und das, was die große Welt mit dem kleinen

Selbst macht, wenn es sie plötzlich betritt.
Im *Buch der Welt* möchte ich deshalb nicht nur *in* den Zeilen,
sondern *zwischen den Zeilen reisen.*

Und zugleich die *Worte der Welt* in eigenen Worten festhalten.
Auch das festhalten, was keiner in Worte fassen möchte.
Ich möchte alles dieser *Buchseiten*,
am liebsten sogar die Zeit selbst, *festhalten*,
weil sie so facettenreich und vielschichtig ist.
Und weil sie so facettenreich und vielschichtig ist,
ist sie so wortreich geworden.
Und weil sie so wortreich geworden ist,
verbrachte ich fast genauso viel Zeit inmitten meiner Buchstabenwelt
wie in der Wirklichkeit.
Die Reise durch Südamerika
ist zu einer Reise zwischen den Zeilen geworden.

Ausgeträumt

Meine letzte Nacht auf südamerikanischem Boden, ist wie meine letzte Nacht auf deutschem Boden: Schlaflos. Gewissermaßen erscheint mir in diesem Augenblick die Welt auf der anderen Seite des Atlantiks in gleichem Maße fremd, wie die Welt, die sich vor zweihundert Tagen auf der anderen Seite des Atlantiks befand. Und schlaflos empfinde ich auch die gleichen Gefühle: Vorfreude und Angst. Vorfreude auf das Vertraute und Angst, dass mir das Vertraute fremd sein könnte.

Weil die Tage mit Besuchen gefüllt waren, packe ich meinen Rucksack erst mitten in der Nacht, aber begreife nicht, wohin die Reise geht – ich habe von Beginn an den Tag und scheinbar doch keinen Kalender gekannt. Heute nehme ich Abschied von meiner Vergangenheit, die damit ein zweites Mal zur Vergangenheit wird. Verzerrt und surreal scheint die Wirklichkeit nicht die eigene Realität und ich selbst nicht die Person zu sein, die benommen handelt, ohne zu verstehen. Traurigkeit breitet sich aus. In mir und überall um mich herum. Doch ich wehre mich nicht, sondern lasse mich von ihr umarmen, weil sie es ist, die mich gerade am besten versteht.

Am Ende meiner Reise weiß ich, dass der Mensch, eingebettet in den steten Wechsel der Jahreszeiten, beständig auch in seinem Inneren die verschiedenen Jahreszeiten durchlebt: Er wächst, blüht und welkt, um schließlich neue Energie zu schöpfen. Doch eine Reise verwehrt genau diese Variation: Die vergangenen Monate waren ein endloser Sommer – Monate der Blüte und Lebendigkeit. Erst sechs Monate nachdem ich dem deutschen Winter den Rücken kehrte, sehne ich mich verspätet nach dem Winter in mir. Nach einer Zeit, in der die Welt hinter der Haustür nicht verlockt, sondern mir Ruhe und Besinnung zugesteht. Ich brauche Zeit für die Welt in mir, keine Zeit für die Welt um mich herum. Ich brauche nicht nur den Winter – ich verlange sogar den Winterschlaf. Ich möchte das Tempo rausnehmen, meinen Atem und Herzschlag verlangsamen, einfach nur im Leerlauf rollen, sogar die Gedanken erfrieren lassen. Der

Winter soll ihren Aggregatzustand wechseln. Über sechs Monate waren sie lebendig wie Teilchen kochenden Wassers – von nun an können sie bewegungslos verharren.

Nur die gegenwärtig so herzzerreißenden Gedanken muss ich noch empfinden. Sie auszublenden wäre, wie die letzten Seiten des Buches nicht zu lesen, weil sie das Ende beinhalten. Dabei kann ich dem Ende nicht entkommen – weil es nichts ohne ein Ende gibt!

Der Abschiedsschmerz gehört zu meiner Reise, wie der Rauch zu einer ausgepusteten Kerze. Wie dieser sich in einem Raum ohne Windzug entfaltet, so lasse ich die traurigen Gedanken durch meinen Kopf ziehen. Ich höre zu, bewerte nicht. Ertrage und verstehe. Ertrage und verstehe nicht.

Denn ich bin am Ende. Am Ende meiner Reise angekommen. Ausgeträumt, doch alles andere als ausgeschlafen, erwache ich viel zu früh – aus meinem Traum. Wie eine Raupe ihr Kokon, verlasse ich meinen ausgehöhlten Traum und fliege in wenigen Stunden wie ein Schmetterling davon. Der Traum kann mich nicht mehr nähren.

Wie sich das anfühlt?

Nach gewaltiger innerer Leere! Nach gewaltiger innerer Fülle!

Zweihundert Tage Regenzeit.

Zweihundert Geschenke, die ich voll Freude auspackte und die der Anlass waren, meinen Bleistift täglich mehrmals zu spitzen.

Das Kaleidoskop Südamerika und der Regisseur meiner Reise hören h e u t e auf zu drehen.

Der Abspann läuft.

Die Regenzeit neigt sich ihrem Ende.

Der Traum? Ausgeträumt!

Sanduhr

Die Zeit verwandelt jede Zukunft durch den kurzen Augenblick der Gegenwart in Vergangenheit.

Das Leben ist wie eine Sanduhr: Jeder Moment ist ein Sandkorn.

Eins nach dem anderen rinnt in das untere Glas, in dem sich alles Erlebte auftut. Das obere Glas verbirgt seine Inhalte. Es hortet die ungeschriebene Zukunft, von der niemand weiß, wie viele Sandkörner sie noch birgt.

Seit sich kurz nach meiner Ankunft in Lima das schlichte *Ticktack* des Sekundenzeigers so tief in mein Bewusstsein eingrub, war das *Spiel mit der Zeit* ein *Spiel gegen die Zeit.*

8.640.000 Mal Tick.

8.640.000 Mal Tack.

Zweihundert Tage sind heute vorbei.

Sie füllen das untere Glas.

Mein Wunsch?

Die Sanduhr auf den Kopf stellen!

30. Juni 2010

Die Zeit – Feindin und Freundin

Vergangenheit und Zukunft – in der Gegenwart treffen sie aufeinander, ehe sich ihre Wege in verschiedene Richtungen fortsetzen und manchmal weiß ich nicht, welchem ich folgen soll. Dabei stellen sie mir beide eine Falle: Die Vergangenheit täuscht einen Pfad vor, auf dem sich keine Straße mehr auftut und die Zukunft kennt die Wege nicht.

Das Jetzt ist alles, was wir haben und alles, wo wir sein sollen. Und sobald es vorüber ist, gibt es nur noch die Erinnerung, an der wir uns viel lieber festhalten als an der Gegenwart. Aber in jedem Moment entsteht immer auch ein neues Jetzt, das es zu leben und zu lieben gilt.

So ist die Zeit, die in diesem Augenblick als Feindin den Abschied herbeiführt, bald *die* Freundin, die die entstandene Wunde heilen kann. Mit jeder Umdrehung des Sekundenzeigers lindert sie den Schmerz und lässt eine Narbe entstehen, die das Leben zeichnete. Die Narbe heißt *Erinnerung*. Sie ist das Geschenk der Vergangenheit an die Gegenwart und die Signatur des Lebens.

Was die Zukunft für Geschichten zeichnet, weiß allein die Hand, die das Buch meines Lebens schreibt. Letztlich ist diese Unwissenheit, diese Ohnmacht über das eigene Leben – von dem man so häufig glaubt, es selbst in den Händen zu haben – das wirklich spannende unseres Seins, wenn man vertrauen und auf die Stimme seines Herzens hören kann.

Immer meine ich, eine Vorstellung, eine Idee von der Zukunft zu haben. Ich entwerfe Pläne und verwerfe Gedanken, obwohl ich weiß, dass ich nie auf die nächste Seite blättern kann, ehe ich nicht Zeile für Zeile gelesen, gelebt habe. Erst beim letzten Buchstaben einer Seite angekommen, eröffnet mir auch das Leben auf der nächsten Seite seine nächsten Seiten. Alles, was ich dabei tun kann ist:

Das Lesen genießen, das Leben genießen!

30. Juni 2010

Zurück

Kurz, aber nicht schmerzlos, verabschiede ich mich von den Schwestern des Klosters. Dann fahren mich Schwester Ludwigis und Schwester Ana in einem weißen VW Käfer zum Flughafen nach São Paulo, wo ich apathisch darauf warte, das Flugzeug zu betreten. Nur mein Herz schlägt unentwegt im Takt, wie das einer alten Frau, die weiß, dass sie bald *heimgeholt* wird. Auf etwas wartend, vor dem sie insgeheim davon laufen möchte.

Fremde Muttersprache. Wie die Flugzeuge hinter dem Fenster ihre Startposition, finde ich meinen Sitzplatz. Die Realität versteckt sich irgendwo hinter den Grenzen meines Körpers. Heute bin ich kein Teil von ihr. Ich träume nur davon, noch einmal auf *play* drücken zu können, in die andere Richtung zu fliegen, dem Flugzeug, in dem ich sitze entgegen, der Sonne hinterher. Doch die deutsche Sprache ertönt schon von überall und sprengt damit endgültig das Abenteuer, als würde die Heimat schon hier, noch auf brasilianischem Boden beginnen. Dabei ist dieser letzte Augenblick auf südamerikanischem Boden eine letzte innige Umarmung: Der riesige Kontinent hält eine kleine, erschöpfte Person in den Armen, die einfach nicht loslassen will.

Gespräche auf Portugiesisch, Spanisch oder Englisch sind mit einem Mal Vergangenheit und zu meiner Überraschung ist mir die deutsche Sprache, die in den letzten Monaten so häufig meine Zuflucht war, plötzlich fremd. Ich konnte sie niederschreiben und ich konnte nach Hause telefonieren, aber ich kann einer unbekannten Person in diesem Moment nicht auf Deutsch antworten. Ich bin eine Fremde in der eigenen Sprache und suche nach Sätzen, Ausdrücken und der passenden Wortwahl, um in angemessener Weise kommunizieren zu können. Doch die Höflichkeitsform erscheint wie eine Beleidigung und die Sprachmelodie meiner Muttersprache klingt wie eine Drohung, die den portugiesischen Gesang nur einschüchtern kann. *Können Sie...? Finden Sie...?* Die erwartungsvolle Pause verbleibt beinahe bei einer peinlichen Stille. Nein! Ich kann und finde scheinbar nicht! Ich bin sprachlos und fühle mich plötzlich heimatlos, weil die

Sprache die Seele eines Volkes offenbart und mir meine deutsche Seele offenbar ungemein fremd scheint.

Eine Stimme fordert die Passagiere auf, ihre Mobiltelefone auszuschalten. Meins ist seit sechs Monaten aus. Ohne Handy zu sein, bedeutet Freiheit – unerreichbar zu sein, macht diese grenzenlos. Im Versuch, mich an meine eigene Nummer zu erinnern, bemerke ich erst in diesem Augenblick, dass ich sie vergessen habe.

Offensichtlich habe ich so vieles vergessen.

Mein *altes Ich* ist nicht einmal telefonisch erreichbar und ich kann mir nicht vorstellen, dass mein *neues Ich* einfach in seine alte Rolle schlüpfen kann.

Mit dem Flugzeug beginnen auch meine Tränen zu rollen.

Das Flugzeug hebt ab, die Tränen landen.

Elf Stunden. 9796 Kilometer liegen vor mir. 9796 Kilometer bedeuten elf Flugstunden. In weniger Stunden, als die meisten Busfahrten dauerten, werde ich zurück in meinem alten Leben sein. Ein grotesker Gedanke, dass ich noch am anderen Ende der Welt bin, irgendwie unerreichbar und dass *unerreichbar* gerade einmal elf Stunden sind. Dieser Gedanke ist so absurd, dass ich glaube, ein kleines Kind oder etwas viel Größeres spiele mit mir und dem Globus mein Leben nach.

Das Flugzeug hat kaum abgehoben, da beginnt die Dienstleistungs-Maschinerie ihr Programm: Die gleiche Stimme stellt uns die Filme, Gerichte, Parfüme und die dazugehörigen Preise vor. Die konsumorientierte Gesellschaft verfolgt mich bis in den Himmel. Fliegen ist möglich, fliehen längst nicht mehr. Was ich auf dem Hinweg als normal empfand, ist mittlerweile der Abneigung gewichen. *Was haben die vergangenen Monate mit mir gemacht?* Unter all den Menschen, die sich in jene Maschinerie einzufügen scheinen, fühle ich mich einsam und fremd wie der fehlerhafte Farbklecks eines Bildes, der immer beängstigender der Ankunft entgegenblickt.

In Gedanken nehme ich sie vorweg:

Ankunft in Gedanken. Am Flughafen gehe ich unter. Unter großen Menschen mit heller Haut falle ich plötzlich nicht mehr auf. Ich werde nicht beachtet – ich werde die Steigerung von nicht beachtet: Übersehen.

Namenlos, sogar ohne Handynummer, allen gleichend und zugleich doch anders, suche ich die eigene Identität. Und während mir bis gestern die Personen und das Umfeld schonungslos aufzeigten, dass ich anders war, ist es nun allein mein Kopf, der mich Gast sein lässt. Äußerlich gehöre ich hier her – sogar der Zollbeamte winkt mich fast ohne den Blick auf meinen Pass durch – aber den Teil von mir, der auch innerlich hier her gehört, muss ich erst noch wiederfinden.

Hier könnte ich unbeobachtet beobachten, *jetzt* dürfte ich meine Kamera ohne Angst in den Händen schwingen – aber die Reize sind reizlos: Die Masse bewegt sich zu schnell, um sie scharf ablichten zu können und wirkt zu beschäftigt, um sie einzufangen. Die hohen Gebäude, der glänzende Boden und die modernen Menschen sind mir ungeahnt fremd. Als hätte diese Szenerie soeben jemand aus der Plastikfolie gewickelt, wirkt alles steril, unberührt und neu. Es interessiert und fasziniert mich nicht.

Der Flughafen, der mich vor einem halben Jahr als *Tabula Rasa* an ein Abenteuer übergab, erkennt mich nun als bunten Farbtupfer ebenso wenig wie ich ihn. Wir sind uns fremd geworden.

Dass das Leben in Deutschland schnell ist, habe ich in den vergangenen Monaten nicht vergessen. *Wie* schnell es ist, daran erinnere ich mich erst in diesem Augenblick, in dem das Tempo der Masse unweigerlich auch mein eigenes bestimmt. Ebenso maschinell, wie mein Rucksack in wenigen Minuten über das Gepäckband rollt, werde ich schon jetzt durch den Flughafen transportiert. Der schnelle Strom bestimmt meinen Weg – ich fließe nur orientierungslos mit. Die Masse bewegt mich von links nach rechts und von rechts nach links, bis ich stehen bleibe und der Farbklecks damit aus dem Rahmen fällt – ich bin verschwunden. Irgendjemand hat mich vom Gepäckband genommen und so bin ich wohl angekommen, obwohl ich längst noch nicht angekommen bin.

Weil eine Erfahrung, die man selbst nicht gemacht hat, so schwer nachvollziehbar ist, werden mich in den folgenden Wochen vermutlich die folgenden Fragen begleiten: *Und, wie war's?, Was hast du alles gesehen?, Und mit der Sprache hattest du keine Probleme?* Häufig gefolgt, von der etwas ernüchternden Feststellung, die die Daheimgebliebenen beinahe zu enttäuschen scheint: *Du bist ja gar nicht braun geworden.* Ich werde antworten, was die Fragenden bestellen: Bestellen sie ein *Wie war's?*, serviere ich ein *Danke, es war gut.* Fordern sie die ganze Speisekarte an, serviere ich die ganze Speisekarte. Serviere alles, was die Vergangenheit meiner Reisesucht offerierte, liefere frei Haus.

Der unveränderte Alltag wird versuchen, mich unverändert mitzuschleifen und weil ich physisch tatsächlich unverändert bin, werden alle denken, ich sei mit der heutigen Ankunft auch gleichzeitig *angekommen.* Ich bin zurück. Zurück, wie aus einem zweiwöchigen Sommerurlaub – mit dem wesentlichen Unterschied, dass ich keine Farbe bekommen habe.

Jene oberflächliche Art des Fragens, die nach oberflächlichen Antworten verlangt, macht aus dem fehlerhaften bunten, bald einen einsamen Farbklecks, der so einsam ist, dass ihn sogar die Farbe verlassen hat – ich bin nicht einmal braun. Erst war ich Fremde in der Fremde. Jetzt bin ich Fremde in der Heimat.

Manche werden sich Zeit nehmen und die aufgenommenen Fotos ansehen, einige werden interessiert Fragen stellen, die sich tief in die Erlebnisse eingraben und damit meine Emotionen aufwühlen. Aber die meisten werden meine leidenschaftslosen Antworten *Danke, es war schön!, Ja, ich habe viel gesehen!,* und *Nein, ich habe keine Farbe bekommen!* abnicken und anschließend in Erfahrung bringen, was ich als nächstes tun werde. Und während sich bei dem Gedanken an das *Nächste* heftigste Übelkeit in mir ausbreitet, werde ich antworten, dass ich studieren möchte.

Das Nächste...

Das Nächste ist jener Bissen für meine Reisesucht, der ihren längst überfüllten Magen dazu auffordert, sich allen Überdruss zu entleeren. Erst in der Heimat wird sie bemerken, dass sie in den vergangenen Monaten weitaus mehr verspeiste, als das Volumen ihres Magens fassen konnte.

Das Nächste...

Die Wahrheit über *das Nächste* ist, dass ich mich aus der Außenwelt zurückziehen werde, weil meine Innenwelt Zeit und Raum zur Verarbeitung beansprucht. Während ich mich physisch einrichte, werde ich in Gedanken woanders sein: Ich werde in der Vergangenheit leben und die Erfahrungen verarbeiten. Jeder Reiz der reizüberfüllten westlichen Welt, wäre jetzt ein Reiz zu viel. Denn ebenso heftig, wie die Reisesucht zum Aufbruch appellierte, zwingt sie nun zu einer bedingungslosen Pause. Über sechs Monate folgte ein Reiz dem nächsten. Ich fütterte meine Reisesucht und schluckte die Eindrücke, nur zum Verdauen blieb keine Zeit – die fordert sie jetzt.

Eine Tür, die sich schließt, ist zugleich eine, die sich öffnet. Doch ich fühle mich nicht nach neuen Räumen, ich fühle mich nach Stehenbleiben. Nach Zurückblicken und Nachinnenblicken.

Mein Kopf ist ein Museum der letzten Monate, eine Pinakothek mit zu wenig Raum. In den nächsten Monaten werde ich mein *Kopfmuseum* bis in das kleinste Detail einrichten, während ich verstört versuche, auch mein deutsches Leben wieder einzurichten. Erst, wenn jeder Gegenstand seinen Platz gefunden hat, chronologisch sortiert, handschriftlich beschrieben und mit Fotos versehen ist, bin ich zum nächsten Schritt bereit.

Nach jenen anfänglichen Fragen wird sich vermutlich bald schon niemand mehr danach erkundigen, wie es mir damit ergeht, wieder zurück in Deutschland zu sein. Ob es aufreibend ist, in der westlichen Welt anzukommen? Ob ich mit den wieder anderen Bildern klarkomme? Ob ich das Leben jetzt anders empfinde? Es wird ganz schnell *so* selbstverständlich sein, dass ich wieder da bin, dass es vielmehr so ist, als wäre ich nie fort gewesen.

Ankunft. Turbulenzen holen mich aus meinem Kopf zurück in das Flugzeug. Mitten in der Welt, ist es mitten in der Nacht. Die meisten Passagiere schlafen unbeirrt weiter oder befördern sich mithilfe des kleinen Bildschirms über den Atlantik. Ich verweile wachend und schreibend. Sehe die große Welt von oben, sehe meine kleine Welt von oben und relativiere in diesem Augenblick die banalen Sorgen, die in meinem Kopf wohnen.

Wenige Stunden später taucht die Sonne am Horizont auf und begrüßt den nächsten Tag und meinen neuen Lebensabschnitt. Auch ohne Worte weiß sie mitzuteilen, was meine Seele jetzt bedarf: Sie scheint, vermittelt damit Beständigkeit und verbindet durch ihr Leuchten zwei Kontinente, die mir so häufig unvereinbar schienen.

Wir verlieren an Höhe und Geschwindigkeit, kommen Frankfurt immer näher. Ungläubig erblicken meine Augen die deutschen Felderlandschaften, dann die Skyline von Frankfurt.

Als wir aufsetzen, überkommt mich Gänsehaut. Keiner klatscht und ich bin nicht mutig genug, die erste zu sein. Ich bin in der Stille dankbar. Dass ich *dort* sein durfte und dass ich wieder *hier* sein darf.

So groß der Raum von dem ich gezerrt habe auch sein mag, so klein ist der Raum, aus dem ich gelebt habe. Zum letzten Mal hieve ich die Vollständigkeit meiner materiellen Sammlung, mein Zuhause der vergangenen Monate auf den Rücken. Dann gehe ich zum Ausgang. Die Traurigkeit ist jetzt verflogen. Vor den Toren wartet meine Familie. Sie *erwartet* mich – wie wunderschön! Sie ist meine Heimat – und darauf freue ich mich riesig! Vor Aufregung springt mir das Herz fast aus dem Körper.

Schiebetür auf.

Und dann bin ich wieder da.

Man muss nicht unterwegs gewesen sein, um anzukommen – man muss bei sich sein, dann ist man längst angekommen.

Reisen ist Leben im Zeitraffer. In kürzester Zeit erlebt man die verschiedenen Facetten des Lebens. Alles hochkonzentriert und geballt. Und wenn man zurückkehrt, hat man das Gefühl, es seien Jahre vergangen – dabei sind es gerade einmal sechseinhalb Monate.

Reisen ist ungewiss. Man weiß nie, wohin die Reise geht, nur weil man den Zielort kennt. Meine Reise endet mit dieser Seite. Nicht sechs Monate, sondern sechs Jahre nachdem ich losgeflogen bin – und das hätte ich nie gedacht! Weil die Reiseleidenschaft eine Schreibleidenschaft bewirkte, verbrachte ich die letzten Jahre immer wieder mit diesem *Buch* und seinen *staben*. Erst *jetzt* ist alles verarbeitet. Das Kopfmuseum ist geordnet und hat für viel mehr Menschen geöffnet, als ich es jemals beabsichtigte und mir vorstellte. *Jetzt* bin ich angekommen und zum nächsten Schritt bereit – das Leben darf endlich weitergehen.

Reisen ist ungewiss. Man weiß nie, wohin die Reise geht, nur weil man den Zielort kennt. Meine Reise endet auf dieser Seite.

Mit diesem Punkt

Punkt

Stufen – Hermann Hesse

» Wie jede Blüte welkt und jede Jugend
Dem Alter weicht, blüht jede Lebensstufe,
Blüht jede Weisheit auch und jede Tugend
Zu ihrer Zeit und darf nicht ewig dauern.
Es muß das Herz bei jedem Lebensrufe
Bereit zum Abschied sein und Neubeginne,
Um sich in Tapferkeit und ohne Trauern
In andre, neue Bindungen zu geben.
Und jedem Anfang wohnt ein Zauber inne,
Der uns beschützt und der uns hilft, zu leben.

Wir sollen heiter Raum um Raum durchschreiten,
An keinem wie an einer Heimat hängen,
Der Weltgeist will nicht fesseln uns und engen,
Er will uns Stuf' um Stufe heben, weiten.
Kaum sind wir heimisch einem Lebenskreise
Und traulich eingewohnt, so droht Erschlaffen,
Nur wer bereit zu Aufbruch ist und Reise,
Mag lähmender Gewöhnung sich entraffen.

Es wird vielleicht auch noch die Todesstunde
Uns neuen Räumen jung entgegen senden,
Des Lebens Ruf an uns wird niemals enden...
Wohlan denn, Herz, nimm Abschied und gesunde! «

Cusco

Danke

an meine Familie! Und an Thimon, Lisa, Aniy, Juli, Steffi und Tine. Für die Zeit, die ihr euch für dieses Buch genommen habt und für die Zeit, die ihr mir zum Schreiben gegeben habt.